Zu diesem Buch

In dieser zweiten, überarbeiteten Auflage des Erstlingswerks aus 2021 erforschen wir verschiedene Praktiken und nutzen die Kraft der Kräuter, um dich auf deinem Weg zum luziden Träumen zu unterstützen.

Träumen bewirkt weit mehr, als du dir vielleicht vorstellen kannst. Wer die Macht der Traumdimension versteht, hält den Schlüssel in der Hand, um Einfluss auf sein physisches Leben zu nehmen. Forme deine Realität im Traum.

„Traumkräuter“ können helfen, die Schwelle zur Traumwelt bewusst zu übertreten und das luzide Träumen zu erleichtern.

In diesem Buch findest du wertvolles Wissen über verschiedene Pflanzen und eine Übersicht der Kräuter, die dir auf deinem Weg in die Traumwelt behilflich sein können.

Begib dich auf deine ganz eigene Reise und entdecke deinen Zugang zu dieser einzigartigen und faszinierenden Welt, die vielleicht nur zwei Kräuter entfernt liegt.

Lila Mint

TRAUMKRÄUTER

träumen und mehr…

Die Deutsche Nationalbibliothek verzeichnet diese Publikation in der Deutschen Nationalbibliografie; detaillierte bibliografische Daten sind im Internet über
http://dnb.dnb.de abrufbar.

Illustration: Lila Mint / teilweise KI generiert
Cover : Lila Mint / teilweise KI generiert
Autor: Lila Mint

Herstellung und Verlag:
BoD – Books on Demand, Norderstedt
ISBN: 9783759729644

Inhaltsverzeichnis

Einleitung 3
Die Geheimnisse der Traumwelt 6
Was passiert wenn wir träumen? 10
Pflanzen und Träumen 14
Alternative Techniken 15
Meditation zum Träumen 18

Kräuter ABC
Anis 25
Aztekisches Traumkraut 31
Ayahuasca 37
Baldrian 43
Blauer Lotus 49
Cannabis 57
Damiana 67
Echter Salbei 73
Eukalyptus 81
Fliegenpilz 89
Guarana 97
Ginseng 105
Grüner Tee 113
Habichtskraut 121
Himbeerblätter 129
Ingwer 135
Johanniskraut 143
Kanna 149
Katzenkralle 157
Katzenminze 163
Kava Kava 171
Kakao 179
Kurkuma 187
Kolanuss 195
Lavendel 203
Maca 213
Mate 217
Mutterkraut 223
Mariendiestel 231
Passionsblume 239
Pfefferminze 245
Rauschminze 253
Sandmalve 261
Wermut 267
Zitronenmelisse 275

Meditationen 18 / 176 / 184 / 208 / 249 / 280
Rezepte / Traumkräutermischungen ab 284
Zu guter Letzt 294
Danke 297

Einleitung

Im Jahr 2020 begann eine Ära der Wandlung, sowohl innerlich als auch äußerlich. Einige empfanden es als eine Zeit der Furcht, doch für mich markierte es eine Phase der Besinnung – eine Rückkehr zu meinem Kern, eine Wiederentdeckung meiner inneren Kraft und die Anerkennung der heilsamen Energie der Natur.

Und so habe ich mich daran gemacht, das alte Wissen neu zu entdecken, zu beleben, auf meine innere Stimme zu achten, der Zauberkraft und der Botschaften meiner Träume zu vertrauen und die eigene Stärke meines Immunsystems zu schätzen, gestärkt durch die heilenden Eigenschaften von Kräutern und Pflanzen.

"Träumen als Existenzbeweis" war eine Erkenntnis, die ich erstmals während eines Traumworkshops im Herbst 2020 in Österreich gewann, veranstaltet von der "Traumschule Damanhur". Damanhur, eine spirituelle Lebensgemeinschaft, die 1975 in den italienischen Alpen gegründet wurde, beheimatet eine Gruppe engagierter luzider Träumer. Diese Gruppe hat sich der Erforschung und Nutzung der Traumkraft gewidmet, basierend auf altem Wissen und Praktiken, die über Jahrtausende von diversen Kulturen und schamanischen Traditionen weltweit zusammengetragen wurden.

Der Kurs, den ich zusammen mit ein paar Gleichgesinnten besuchte, vermittelte uns, dass Teile unserer Träume tatsächlich real sind und der physischen Realität in keiner Weise nachstehen. Wir erhielten wertvolle Anleitungen, um uns sicher durch die verschiedenen Ebenen der Traumwelt navigieren zu können. Wir lernten die Traumphasen zu unterscheiden, das Erkennen der Verarbeitung von Erlebtem durch unser Unterbewusstsein und das Bewusstsein, und dass Träume weit mehr sein können, als nur diese Verarbeitung, waren zentrale Inhalte des Kurses.

Jeder von uns besitzt diese Fähigkeit zum luziden Träumen, doch in unserer von digitalen Frequenzen und Ablenkungen geprägten Welt finden nur wenige den Weg dorthin.

Während manche der Verwendung von "Hilfsmitteln" zur Erreichung luzider Träume skeptisch gegenüberstehen, können diese Hilfsmittel für Einige ein Tor zu ersten luziden Traumerfahrungen öffnen und den Übergang erleichtern.

Die Grenze zwischen Traumerlebnis und psychedelischer Erfahrung sind fließend und die Pfade dahin sehr ähnlich. Grad am Anfang können kleine Unterstützungen die ersten Schritte erleichtern. Doch wie bei allem gilt auch hier:

"Die Dosis macht das Gift!“

Wer jedoch verantwortungsvoll vorgeht und auf seinen Körper hört, kann sich auf eine unvergessliche Entdeckungsreise in eine neue, und doch uralte, uns vertraute Welt begeben.

Die Kenntnis um die Kraft der Träume reicht bis in die Anfänge der Menschheitsgeschichte zurück. Zivilisationen wie die Azteken, Maya und Sumerer waren sich der Wirkungen und Bedeutung ihrer Träume bereits bewusst. Auch waren Unterstützungen durch Kräuter, Meditationen und Atemtechniken allgegenwärtig. In Asien und Südamerika sind bis heute viele solcher alten, überlieferten Rezepturen und Methoden lebendig.

Auch in Europa war das Wissen um Träume, Spiritualität und heilende Kräuter weit verbreitet, bis es durch die Hexenverfolgungen und die Inquisition im Mittelalter zu großen Teilen ausgelöscht wurde und in Vergessenheit geriet.

Doch langsam kehrt dieses Wissen zurück und wir beginnen uns zu erinnern.

Träumen eröffnet uns Zugänge zu unbegrenzten Sphären und ermöglicht es, Verbindungen zu anderen Entitäten, anderen Zeitebenen und Dimensionen zu knüpfen, die sich von unserem alltäglichen, physischen Dasein, das wir als "Realität" begreifen, unterscheidet.

Für viele indigene Völker und antike Kulturen ist das Träumen eine lebendige und mächtige Praxis, die das Potenzial hat, unsere Wahrnehmung der Wirklichkeit zu transformieren.

Neurowissenschaftliche Forschungen bestätigen heute, dass unser Gehirn während des Träumens um 15 % aktiver ist als im Wachzustand. Sie zeigen auf, dass durch luzides Träumen – die Kunst, sich seiner Träume bewusst zu werden – es sogar möglich ist, physische Veränderungen in unserem Körper herbeizuführen.

Warum also nicht im Schlaf lernen und heilen? Ist das nicht eine faszinierende Vorstellung?

Ich habe mir zur Aufgabe gemacht, dieses verlorene Wissen zu erneuern und in meinen täglichen Lebensrhythmus einzuflechten.

Begleitet mich auf diesem spannenden Weg.

Lila

Die Geheimnisse der Traumwelt

Ein tiefer, erholsamer Schlaf ist der Wunsch von uns allen. In der Regel verbringen wir jede Nacht zwischen sechs und zehn Stunden im Reich der Träume, bewegt von Phasen, in denen wir träumen – manchmal bewusst, oft unbewusst.

Während sich die meisten Menschen selten an ihre nächtlichen Visionen erinnern, erleben andere lebendige Träume oder gar episodische Abenteuer und manche empfangen während dieser Zeit sogar prägende Eingebungen oder Visionen.

Aber was genau sind Träume?

Welche Bedeutung tragen sie in sich und welche Kraft können sie über uns entfalten – oder wir über sie?

Sigmund Freud sah im Traum den "Königsweg zum Unbewussten", ein Mittel, durch das unsere Psyche sich reguliert. In jenem Drittel unseres Lebens, das im Schlaf verbracht wird, entführt uns das Unterbewusstsein in ein nächtliches Theater voller Träume.

Ein weniger bekannter Fakt ist, dass Träumen eine Fähigkeit darstellt, die entwickelt und genutzt werden kann, um verborgene Informationen freizulegen und unsere greifbare Realität zu verändern.

Diese Ansicht teilen auch die Ureinwohner Australiens, deren Kultur in der "Traumzeit" den Ursprung und die Gestaltung unserer Realität sieht.

Für andere indigene Völker bedeutet Träumen den Zugang zu weiteren Dimensionen und Energien, die nicht zwingend von dieser Welt stammen.

Träume eröffnen Wege zu unbekannten Welten und ermöglichen den Austausch mit anderen Wesen, anderen Zeiten und Räumen, die über unsere Realität hinausgehen.

Bei den Tolteken beispielsweise besitzen die Wissenden oder Magier die Fähigkeit, im Traum physische Orte zu erschaffen, an denen sie bewusst verweilen können. Das Volk der Senoi aus Malaysia beteiligt sich ebenfalls am Aufbau kollektiver Traumprojekte, ohne einen Unterschied zwischen Wach- und Traumrealität zu machen. Ähnliches berichteten auch die Mitglieder der Lebensgemeinschaft in Damanhur, die das Traumseminar in Österreich leiteten, an dem ich teilnehmen durfte.

In unserer modernen westlichen Gesellschaft hingegen kämpfen mehr als 40% der Bevölkerung mit Schlafproblemen, was ernsthafte gesundheitliche Folgen haben kann. Auch bei Kindern steigen die Fälle von Schlaflosigkeit, was nicht nur ihre körperliche und psychische Entwicklung beeinträchtigt, sondern auch ihre Fähigkeit zur Sozialisation. Eine der gravierendsten Auswirkungen ist der Mangel an REM-Schlafphasen, in denen das Träumen stattfindet.

Studien belegen, dass während des Träumens die Gehirnaktivität um etwa 13-15% ansteigt und neue neuronale Verbindungen geknüpft werden. Das Träumen ist somit buchstäblich eine Phase des Lernens, in der wir Erfahrungen machen, die uns persönlich wachsen lassen. Es gibt sogar Theorien, die besagen, dass durch luzides Träumen –

das „Erwachen“ im Traum mit der Möglichkeit, diesen zu steuern – direkte physische Veränderungen am eigenen Körper möglich sind.

Kann man also im Schlaf heilen? Es zu versuchen, scheint vielversprechend.

Doch wie erlangen wir Kontrolle über unsere Träume? Wie erreichen wir Luzidität, vor allem wenn viele von uns sich nicht einmal an ihre Träume erinnern können?

Es existieren verschiedene Methoden, das Träumen zu „erlernen“. Sei es durch Atemübungen, Meditation oder bestimmte Einschlafrituale. Einige davon werde ich in diesem Buch vorstellen.

Eine weitere Möglichkeit ist der Einsatz von Kräutern.

Direkt konsumiert, verdampft durch einen Vaporizer, als Räucherwert oder als Tee.

Natürlich spielen die Kräuter und Pflanzen nicht die alleinige Rolle auf dem Weg in die luziden Träume. Weitere wichtige Faktoren sind die Ruhe vor dem Schlafengehen, der bewusste Verzicht auf elektronische Geräte wie Smartphones und Fernseher in der letzten Stunde vor dem Schlaf, ein komfortables Schlafumfeld, sowie eine generelle Gelassenheit bezüglich des angestrebten Traumzustands.

Kräuter können diese Reise jedoch erleichtern und bereichern.

Jede Pflanze an sich besitzt schon ihre eigene Magie, doch ihre wahre Kraft entfalten sie oft erst in Kombination mit anderen Kräutern und in genau abgestimmter Dosierung.

Besonders Cannabis und CBD sind bekannt dafür, die Traumintensität zu verstärken, wobei stets die rechtlichen Rahmenbedingungen im Auge behalten werden müssen.

Wer sich jetzt auf das Abenteuer der Traumkräuter einlässt, sollte immer mit Vorsicht und Umsicht an die Dosierung herangehen. Ein zu hoher Einstieg kann überwältigend sein; es ist ratsamer, die Dosierung schrittweise zu erhöhen und so den eigenen Geist behutsam an die neuen Erfahrungen heranzuführen.

Denn letztendlich bestimmt die Dosis über die Erfahrung.

Der Gemütszustand und die allgemeine Verfassung am Tag spielen ebenfalls eine nicht zu unterschätzende Rolle bei der Traumqualität. Es ist eine sehr persönliche Reise, auf der jeder für sich selbst herausfinden muss, wie diese Faktoren das Traumerlebnis beeinflussen.

Für diejenigen, die diese Aspekte beachten und mit Offenheit an das Experiment Traumkräuter herangehen, können sich völlig neue Dimensionen des Träumens öffnen.

Was passiert wenn wir träumen?

Entscheidend ist der sogenannte REM-Schlaf. Bekannt durch das charakteristische schnelle Bewegen der Augen und einer starken Zunahme der Hirnaktivität. Er ist rein wissenschaftlich gesehen die Bühne für unsere Träume.

Während dieser Schlafphase passiert etwas Faszinierendes: Unser Körper aktiviert eine Art Schutzmechanismus – die Schlafparalyse – die verhindert, dass wir unsere Traumbewegungen physisch auszuführen. Interessanterweise können wir diese Paralyse beim luziden Träumen manchmal bewusst erleben.

Zum Ende der Nacht werden die REM-Phasen länger, wodurch unsere Träume in den Morgenstunden intensiver und häufiger werden. Diese Eigenschaft des REM-Schlafs ist besonders relevant für die Praxis des Klarträumens. In der Regel ist die besten Zeit für Klarträume zwischen 3:00-6:00 Uhr morgens.

Ein zentrales Hindernis für das Klarträumen ist die so genannte „Realitätsillusion", bei der wir im Traum den Eindruck haben, unsere Traumerlebnisse seien real. Dies liegt daran, dass unser Bewusstsein im Traum eingeschränkt ist und der präfrontale Cortex – das Hirnareal, das für logisches Denken zuständig ist – deaktiviert ist. Studien von Wissenschaftlern belegen jedoch, dass Menschen in luziden Träumen in der Lage sind, bewusste Entscheidungen zu treffen.

Ein besonders aufschlussreiches Experiment bewies, dass Klarträumer durch spezifische Augenbewegungen mit der Außenwelt kommunizieren können. Ein weiteres Experiment zeigte sogar die Möglichkeit der zweiseitigen Kommunikation durch das Beantworten von Fragen über Augenbewegungen direkt im Traum.

Soweit die wissenschaftliche Sicht auf die Dinge. Aber was ist mit der spirituellen?

Die spirituelle Sicht auf Träume ist bei vielen Kulturen tief verwurzelt. Besonders ausgeprägt ist sie bei den Aborigines, den Ureinwohnern Australiens. Für sie ist das Träumen ein zentraler Bestandteil ihrer Kultur und Spiritualität, insbesondere im Konzept der "Traumzeit" (Dreamtime). Für sie ist die Traumzeit ist viel mehr als nur eine Reihe von Mythen oder Legenden; sie ist eine komplexe Philosophie, die die Schöpfung der Welt, die Verbindung zwischen Vergangenheit, Gegenwart und Zukunft sowie die Beziehung zwischen Menschen, Tieren, Pflanzen und der Erde selbst erklärt.

Für die Aborigines ist das Träumen eine Brücke zwischen der spirituellen Welt und der physischen Welt. Es ermöglicht eine Kommunikation mit den Ahnen und die Teilnahme an der spirituellen Schöpfungsgeschichte. Sie sehen im Träumen die Möglichkeit, Zugang zu spirituellem Wissen und heiligen Geschichten zu erlangen, die erklären, wie die Welt und ihre Lebewesen erschaffen wurden und wie sie erhalten bleiben sollen. Durch Träume können individuelle oder kollektive Visionen und Prophezeiungen empfangen werden, die wichtig für die Führung und Entscheidungsfindung innerhalb ihrer Gemeinschaften sind.

Träume dienen auch als ein Mittel für Heilung und Transformation, sowohl auf persönlicher als auch auf gemeinschaftlicher Ebene.

Die spirituellen Erfahrungen und Lehren, die aus Träumen gewonnen werden, sind integraler Bestandteil der Kultur der Aborigines und beeinflussen ihre Kunst, Zeremonien und das tägliche Leben. Träume und ihre Interpretationen werden oft in Liedern, Tänzen, Malereien und Geschichten festgehalten, die das kulturelle Erbe bewahren und an zukünftige Generationen weitergeben.

(Für alle die mehr darüber lesen möchten, hier ein Buchtipp: TRAUMFÄNGER - von Marlo Morgan)

Die Mayas und die Inka hatten ebenfalls komplexe und tiefgründige Überzeugungen bezüglich Träumen, die bis heute Einfluss auf die Nachfahren und Kulturen in Lateinamerika haben. Während die genauen Praktiken und Glaubenssätze variieren können, teilen beide Kulturen die Auffassung, dass Träume wichtige spirituelle und prophetische Bedeutungen haben.

Für die Mayas waren Träume ein Mittel, um mit der spirituellen Welt zu kommunizieren und Einsichten oder Vorhersagen zu erhalten. Sie glaubten, dass Träume von den Göttern gesandt werden und Botschaften enthalten, die entschlüsselt werden müssen. Die Mayas hatten spezialisierte Figuren, ähnlich wie Schamanen, die Ah-Men genannt wurden und die Fähigkeit hatten, Träume zu interpretieren und Vorhersagen zu treffen. Diese Traumdeuter spielten eine wichtige Rolle in der Gesellschaft, insbesondere bei der Planung von Zeremonien, der Landwirtschaft und bei Entscheidungen, die die Gemeinschaft betrafen.

Träume wurden zudem genutzt, um Heilung zu finden. Es wurde geglaubt, dass bestimmte Krankheiten spirituellen Ursprungs sind und durch Träume diagnostiziert und behandelt werden können. In der modernen Nachfolge der Maya-Kultur spielen Träume auch heute noch eine Rolle bei spirituellen und heilenden Praktiken.

Auch die Inka sahen in Träumen eine Verbindung zum Göttlichen und eine Möglichkeit, göttlichen Willen oder Warnungen zu empfangen. Sie glaubten, dass Träume sowohl positive als auch negative Kräfte offenbaren können. Die Inka nutzten Träume, um Entscheidungen zu treffen, vor allem in Bezug auf Landwirtschaft und Kriegsführung. Priester und Schamanen, oft als „Seher“ bezeichnet, interpretierten Träume, um die Zukunft vorherzusagen und die Gesellschaft zu leiten.

Wie bei den Mayas wurden auch bei den Inka Träume für die Heilung eingesetzt. Sie glaubten, dass durch Träume die Ursachen von Krankheiten offenbart und Heilmittel gefunden werden können.

In vielen Gemeinschaften, die ihre Abstammung auf die Mayas oder Inka zurückführen, sind Traditionen und Glaubenssätze, die Träume betreffen, noch immer Teil des spirituellen Lebens.

Obwohl die Praktiken sich durch die Jahrhunderte evolutioniert haben und von Region zu Region variieren, bleibt die Auffassung, dass Träume ein Fenster zu einer anderen Wirklichkeit und ein Mittel zur Kommunikation mit dem Göttlichen sind, ein zentraler Aspekt der kulturellen Identität vieler Nachfahren der Mayas und Inka.

Luzide Träume eröffnen somit nicht nur die Möglichkeit, unsere Träume zu kontrollieren, sondern bieten auch tiefe Einblicke in unser

Inneres und schaffen eine Verbindung zwischen wissenschaftlichen Entdeckungen und spirituellen Erfahrungen.

Pflanzen und Träumen

Zahlreiche indigene Kulturen, einschließlich derer im Amazonasgebiet, haben seit Jahrhunderten spezielle Zeremonien und Kräuter genutzt, um veränderte Bewusstseinszustände zu erreichen und Zugang zu spirituellen Welten oder der Traumwelt zu erhalten. Ayahuasca ist dabei eines der bekanntesten Beispiele.

Ayahuasca ist ein psychedelischer Sud, der aus der Kombination zweier Pflanzen gebraut wird: der Ayahuasca-Liane und Blättern, die Dimethyltryptamin (DMT) enthalten, typischerweise von der Chacruna Pflanze.

Die Ayahuasca-Zeremonie wird traditionell von einem Schamanen oder einem erfahrenen Heiler geleitet. Diese Zeremonien sind tief spirituell und zielen darauf ab, Heilung, Visionen und Einsichten zu ermöglichen, indem die Teilnehmer durch die Einnahme von Ayahuasca mit der Geisterwelt in Kontakt treten können. Nutzer berichten oft von intensiven Visionen, Begegnungen mit Geistwesen, tiefgreifenden emotionalen Erlebnissen und Einsichten in persönliche oder spirituelle Fragen.

Neben Ayahuasca nutzen Schamanen eine Vielzahl anderer Pflanzen und Substanzen, um Trancezustände, Visionen oder spirituelle Reisen zu erleichtern. Einige von Ihnen werden nachfolgend in diesem Buch vorgestellt.

Die Pflanzen werden in unterschiedlichen kulturellen Kontexten verwendet, oft begleitet von Ritualen, Gebeten, Gesängen und Musik, die darauf abzielen, die Teilnehmenden auf ihrer Meditation und Traumreise zu unterstützen und zu schützen.

In den letzten Jahrzehnten hat das Interesse an diesen traditionellen Praktiken auch in den westlichen Kulturen zugenommen, oft im Rahmen der Suche nach spirituellem Wachstum, persönlicher Entwicklung oder Heilung von Traumata.

Während die Anwendung dieser Pflanzen transformative Erfahrungen bieten kann, betonen traditionelle Heiler und moderne Anwender die Bedeutung von Respekt, Vorbereitung und Begleitung durch erfahrene Führer, um die Sicherheit und den Wert der Erfahrung zu gewährleisten.

Alternative Techniken

Es gibt, Neben der Unterstützung durch Pflanzen, auch noch weitere Techniken und Praktiken, die wir nutzen können, um luzide Träume zu erleben oder einen Zustand von Visionen zu erreichen, ohne auf psychoaktive Substanzen zurückgreifen zu müssen.

Diese Methoden setzen eher auf mentale Disziplin, Entspannungstechniken und die Fähigkeit, das Bewusstsein auf eine bestimmte Weise zu steuern. Dazu gehören u.a.:

Traumtagebuch führen: Das regelmäßige Aufzeichnen deiner Träume gleich nach dem Aufwachen kann helfen, deine Traumerinnerung zu verbessern und Muster in deinen Träumen zu erkennen, was ein wichtiger Schritt auf dem Weg zum luziden Träumen ist. Durch die regelmäßigen Aufzeichnungen lenkst du dein Bewusstsein und den Fokus auf deine Träume, so dass sie immer mehr in deinen Alltag integriert werden.

Reality Checks: Gewöhne dir an, tagsüber regelmäßig zu überprüfen, ob du träumst oder wach bist, indem du einfache Tests durchführst. Die Idee dahinter ist, dass diese Gewohnheit in deine Träume übergeht und dir hilft zu erkennen, dass du träumst.

Mögliche Checks sind:

Handfläche betrachten: Schau dir deine Hände an. In Träumen können die Hände verzerrt oder ungewöhnlich aussehen.

Text lesen: Lies einen Text, schau weg und lies ihn erneut. Im Traum verändert sich der Text oft.

Nase zuhalten: Halte dir die Nase zu und versuche zu atmen. Im Traum ist das oft möglich, was im Wachzustand nicht der Fall ist.

Spiegel check: Schau in einen Spiegel. Im Traum kann das Spiegelbild verzerrt oder ungewöhnlich sein.

Lichtschalter betätigen: Schalte das Licht an und aus. In Träumen funktioniert dies oft nicht wie erwartet.

Diese Checks helfen, das Bewusstsein während des Träumens zu schärfen und die Fähigkeit zu entwickeln, im Traum zu erkennen, dass man träumt. Während des Realitätschecks stell dir selbst die Frage: „Träume ich gerade?“ und versuche bewusst, die Umgebung und die Situation zu analysieren.

MILD-Technik (Mnemonic Induction of Lucid Dreams): Bevor du einschläfst, wiederhole den Vorsatz, dich im Traum zu erkennen, z.B. "Ich werde mir bewusst sein, dass ich träume." Dies kann zusammen mit dem Erinnern an einen kürzlichen Traum praktiziert werden.

WBTB (Wake Back to Bed): Diese Methode beinhaltet, nach etwa 5-6 Stunden Schlaf aufzuwachen, für eine kurze Zeit wach zu bleiben (etwa 15-30 Minuten) und dann wieder schlafen zu gehen mit der Absicht, luzide zu träumen.

Meditation: Tiefe meditative Zustände können visionäre Erlebnisse oder Einsichten fördern. Fokussierte Aufmerksamkeit können helfen, den Geist zu beruhigen und einen empfänglicheren Zustand für innere Bilder oder Einsichten zu erreichen.

Hypnagogische Technik: In dem Zwischenzustand beim Einschlafen (hypnagogischer Zustand) können bewusst Bilder, Farben oder Szenen beobachtet werden. Durch sanftes Fokussieren auf diese Erscheinungen, ohne einzuschlafen, können visionäre Erfahrungen gefördert werden.

Atemtechniken: Bestimmte Atemtechniken, wie die holotropen Atemtechniken, können dazu beitragen, veränderte Bewusstseinszustände zu erreichen, die visionäre Erfahrungen ermöglichen. Der Kern der holotropen Atemarbeit besteht aus einer intensiven, beschleunigten Atemweise. Dabei atmet man schneller und tiefer als normalerweise. Holotropes Atmen sollte allerdings nur unter Anleitung erfahrener und ausgebildeter Begleiter durchgeführt werden.

Diese Methoden können kraftvolle Werkzeuge sein, um das Bewusstsein zu erweitern und Zugang zu tieferen Ebenen des Selbst oder zu visionären Zuständen zu erhalten. Es ist wichtig, sich diesen Praktiken mit Geduld, Offenheit und einer Haltung der Selbstfürsorge zu nähern.

Meditation zum Träumen

Diese Meditation kann dir helfen, sanft in die Welt der Träume zu gleiten und eine tiefe Verbindung mit deinem inneren Selbst zu fördern. Wenn du magst verdampfe oder vaporisiere dazu eine der hinten im Buch geteilten Traumkräutermischungen.

Vorbereitung:

Suche dir einen friedlichen Ort, wo du für eine Weile ungestört sein kannst. Bereite deine Raum vor, in dem du ihn räucherst.

Setze oder lege dich in eine bequeme Position. Schließen deine Augen und richte deine Aufmerksamkeit auf deinen Atem.

Beginne tief und bewusst einzuatmen, zähle bis vier, halte deinen Atem für vier Sekunden, atme aus und zähle wieder bis vier.

Diese Atemtechnik wird dir helfen, deinen Geist und Körper in einen Zustand tiefer Entspannung zu versetzen. Wiederhole diese Atemübung einige Male.

Stelle dir vor, du befindest dich am Anfang eines schmalen Weges, der durch ein lebendiges, grünes Feld führt. Um dich herum entfaltet sich ein Meer aus wilden Kräutern. Nimm einen tiefen Atemzug und lass den Duft von Lavendel, Minze und Salbei deine Sinne erfüllen. Mit jedem Atemzug fühlst du dich klarer und offener.

Während du den Pfad entlang schreitest, bemerkst du einen leuchtenden blauen Schmetterling. Er ist dein Begleiter in diese tiefe Meditation. Beobachte, wie er sich bewegt – so frei und unbeschwert. Der Schmetterling leitet dich zu einer wunderschönen Wiese, die im Sonnenlicht schimmert.

Auf dieser Wiese angekommen, findest du einen Platz unter einem alten, weisen Baum. Nimm dir einen Moment, um dich niederzulassen, und richte deine Aufmerksamkeit erneut auf deinen Atem. Atme tief ein und stelle dir vor, wie die Energie der Erde durch die Wurzeln des Baumes fließt und dich erfüllt.

Mit jedem Ausatmen lässt du alle Anspannung los.

Jetzt, in vollkommener Harmonie mit der Natur, beginnt der Schmetterling, ein sanftes Leuchten um dich zu weben. Dieses Licht umhüllt dich mit Wärme und Geborgenheit. Konzentriere dich auf das Gefühl der Leichtigkeit, das sich in deinem Körper ausbreitet. Erlaube dir, mit jedem Atemzug tiefer in einen Zustand des Friedens zu sinken.

Fühle, wie du von dem Licht emporgehoben wirst, näher an die Schwelle der Träume. In diesem geschützten Raum kannst du dich ganz der Traumwelt hingeben. Bevor du dich vollends in deine Träume begibst, nimm dir einen Moment der Stille.

In dieser Stille weißt du, dass du jederzeit die Kontrolle hast und dich bewusst auf die Erfahrungen einlassen kannst, die auf dich warten.

Wenn du bereit bist, tiefer in die Welt deiner Träume einzutauchen, vertraue darauf, dass du sicher und geborgen bist. Deine Reise durch die Traumwelt wird von Einsichten und Entdeckungen geprägt sein. Jetzt, wo du dich tief entspannt hast und dein Geist zur Ruhe gekommen ist, lade ich dich ein, die Bilder, die in deinem Inneren auftauchen, bewusst wahrzunehmen. Atme tief ein und aus, und erlaube dir, in die Welt deines Unterbewusstseins einzutauchen.

Mit jedem Atemzug werden die Bilder klarer und deutlicher. Vielleicht siehst du Landschaften, vertraute oder fremde Orte, Menschen oder Tiere. Beobachte diese Bilder ohne Bewertung. Lass sie einfach kommen und gehen, wie Wolken, die über den Himmel ziehen. Jede

Vision ist eine Botschaft deines inneren Selbst, ein Schritt auf dem Weg zu deinem luziden Traum.

Atme tief ein... und aus. Spüre, wie jeder Atemzug dich tiefer in diesen Zustand führt, in dem Träume und Bewusstsein verschmelzen. Richte deine Aufmerksamkeit auf ein Bild, das besonders lebendig ist. Fokussiere dich auf die Details – die Farben, die Formen, die Bewegungen. Lass dieses Bild deine ganze Aufmerksamkeit einnehmen.

Während du dieses Bild betrachtest, wirst du dir bewusst, dass du der Schöpfer dieser Traumwelt bist. Du hast die Kontrolle, du bist der Architekt deiner Träume. Erlaube dir, die Szene zu verändern, wie es dir gefällt. Spüre die Freiheit, die mit dieser Erkenntnis einhergeht.

Nun stelle dir vor, dass du auf einem Pfad wanderst. Dieser Pfad ist dein Weg in die Welt des luziden Träumens. Du kannst diesen Weg jederzeit betreten, indem du deine Aufmerksamkeit auf deine Atmung und die Bilder in deinem Geist richtest. Sieh, wie der Pfad sich vor dir erstreckt, sicher und einladend. Du weißt, dass du jederzeit hierher zurückkehren kannst.

Atme tief ein... und aus. Spüre, wie jeder Schritt auf diesem Pfad dich näher an die Klarheit und Kontrolle deiner Träume bringt. Wiederhole für dich selbst: "Ich bin bewusst in meinen Träumen. Ich kann meine Träume lenken und gestalten."

Bleibe noch einen Moment auf diesem Pfad, genieße die Bilder und die Klarheit, die dich umgibt. Spüre die Sicherheit und das Vertrauen, das von diesem Ort ausgeht. Wisse, dass du immer wieder hierher zurückkehren kannst, wann immer du in deine Träume eintauchen möchtest.

Atme tief ein... und aus. Bereite dich darauf vor, langsam aus dieser Meditation zurückzukehren, wissend, dass du die Fähigkeit besitzt, deine Träume bewusst zu erleben und zu gestalten.Bleibe in diesem Zustand so lange du möchtest, und wenn du bereit bist, zurückzukehren, fokussiere dich erneut auf deinen Atem.

Atme tief ein und bringe langsam Bewegung in deine Finger und Zehen. Wenn du bereit bist, öffne deine Augen.

Nimm dir einen Moment, um dich zu orientieren und die Ruhe und Klarheit, die du erfahren hast, in dein Hier und Jetzt zu übertragen.

Nun bist du bereit. Du kannst diesen Weg beschreiten und deine ganz eigene Reise in das Land der Träume erleben und gestalten.

Vielleicht möchtest du deine Gedanken und Gefühle in einem Tagebuch festhalten, um sie später zu reflektieren.

Kräuter ABC

Anis

Anis

Darf ich vorstellen: Pimpinella anisum, bekannt als Anis. Diese wundervolle Pflanze gehört zur Familie der Doldenblütler und ist sowohl für ihre charakteristischen Früchte als auch für ihre Nutzung in der Kulinarik und Volksmedizin geschätzt. Dieses einjährig, krautige Gewächs, das eine Höhe von etwa 10 bis 60 Zentimetern erreichen kann, stammt vermutlich aus dem östlichen Mittelmeerraum, speziell Regionen wie Kroatien und Albanien, und hat sich seitdem global in gemäßigten Klimazonen verbreitet. Besonders in Mittelamerika, Mitteleuropa, Japan, Südeuropa und den Mittelmeerländern, wird Anis kultiviert.

Anis hat eine **reiche kulturelle Geschichte**, vor allem in der deutschen Tradition, wo der Aniskringel, ein spezielles Gebäck, als alte **Opfergabe** diente. Dieses Gebäck wurde traditionell in süßes Bier oder Met gebröselt und bei verschiedenen Feierlichkeiten wie Gildefesten, Erntedankfesten, Frühlingsfesten und Hochzeiten serviert. Die Braut überreichte den Aniskringel als Zeichen der Wertschätzung an ausgewählte Gäste, eine Geste, die mit einem Löffel süßem Bier aus einer Zinnschale begleitet wurde.

Darüber hinaus wurde Anis in ländlichen Gegenden als **Aphrodisiakum** geschätzt. Nach der Erntesaison bereiteten Frauen anishaltige Getränke für ihre Männer zu, insbesondere am Andreastag (30. November), an dem Anis eine besonders **starke magische Wirkung** nachgesagt wurde. In Böhmen war dieser Tag sogar als Anischtag bekannt.

Interessanterweise spielte Anis auch eine Rolle in der Tierhaltung, insbesondere bei der Eingewöhnung von Tauben.

Um die Vögel an einen neuen Schlag zu gewöhnen, verfütterte man Anis oder verwendete Anisöl. Zudem wurden Anisbrote gebacken und als Futter eingesetzt, um das Wohlergehen der Tauben zu fördern.

Anis wird nicht nur wegen seines **süßen Geschmacks** geschätzt, sondern auch wegen seiner heilenden Eigenschaften. Die Früchte wirken **schleimlösend und krampflösend**, weshalb Anisöl ein häufiger Bestandteil in **Hustenmitteln** ist. Über die Jahrhunderte hinweg diente Anis nicht nur als **Schutz** vor **schlechten Träumen** und dem **bösen Blick**, sondern auch als wertvolle Pflanze in der Volksheilkunde und bei kulinarischen Traditionen weltweit.

Kurz und knapp:

Verdauungsfördernd: Anistee ist bekannt dafür, Verdauungsbeschwerden wie Blähungen, Verdauungskrämpfe und Übelkeit zu lindern.

Beruhigend: Er kann auch zur Beruhigung von Nervosität und zur Förderung des Schlafes beitragen.
Kann bei Asthma, Bronchitis und Blähungen helfen.

Konsummethoden

Teezubereitung

Anistee wird durch Infusion der getrockneten Samen in heißem Wasser hergestellt. Bieten eine milde Wirkung, die besonders bei Verdauungsproblemen hilfreich ist.

Vaporisieren

Anissamen können auch vaporisiert werden, indem sie in einem Vaporizer erhitzt werden. Es wird eine Temperatur von 150-180°C empfohlen.

Das Vaporisieren von Anis kann eine effiziente Methode sein, um die ätherischen Öle freizusetzen, ohne die Samen zu verbrennen.

Die aromatischen Dämpfe können schnell inhaliert werden und bieten direktere Wirkung, die besonders nützlich sein kann, um Atemwegsbeschwerden zu lindern, ohne die negativen Effekte des Rauchens.

Rauchen

Anis wird selten allein geraucht, kann aber als Zusatz in Kräutermischungen verwendet werden, um das Aroma von Tabak oder anderen Kräutern zu verbessern.

Beim Rauchen verleiht Anis dem Rauch ein süßes Aroma. Allerdings nicht die gesündeste Methode.

Rezept für Anis-Tee

Zutaten:

1-2 Teelöffel getrocknete Anissamen

250 ml (1 Tasse) kochendes Wasser

Zubereitung:

Um die Freisetzung der ätherischen Öle zu fördern, kannst du die Anissamen leicht zerstoßen oder mörsern. Das ist optional, aber es hilft, mehr Aroma und Wirkstoffe freizusetzen.

Bringe Wasser zum Kochen.

Gib die zerstoßenen Anissamen in eine Teekanne oder direkt in eine Tasse. Übergieße sie mit dem kochenden Wasser. Lasse den Tee etwa 10 bis 15 Minuten ziehen. Je länger der Tee zieht, desto stärker wird das Aroma und die Wirkung.

Seihe den Tee durch ein feines Sieb, um die Anissamen zu entfernen.

Falls gewünscht, kannst du den Tee mit etwas Honig oder einem anderen Süßstoff nach Belieben süßen.

Du kannst den Anistee mit anderen Kräutern wie Traumkraut, oder Pfefferminze mischen, um den Geschmack zu variieren.

Ein wohltuender Tee, der einen entspannten Schlaf vorbereiten kann.

Platz für deine Notizen:

Aztekisches Traumkraut

Aztekisches Traumkraut

Aztekisches Traumgras, Traumkraut oder auch als Bitterkraut bezeichnet, zählt zur Familie der Korbblütler und stammt aus den tropischen und subtropischen Regionen Mittelamerikas. Bekannt für seine **psychoaktiven Eigenschaften,** wächst diese Pflanze sowohl als einjährige als auch als mehrjährige krautige Pflanze und kann eine Höhe von bis zu 3 Metern erreichen. Ihr natürliches Verbreitungsgebiet erstreckt sich von Mexiko bis Kolumbien, mit einer besonderen Präsenz im mexikanischen Hochland, wo sie gelegentlich auch als Unkraut vorkommt. Die Kultivierung des Traumkrauts gestaltet sich als herausfordernd und erfolgt meist über die Vermehrung mittels Stecklingen.

Traditionell wird Traumkraut von den indigenen Völkern Mittelamerikas zur Unterstützung von **luziden Träumen** und zur Lösung von **medizinischen Problemen**, insbesondere im Bereich des **Hormon- und Verdauungssystems**, genutzt. Die Chontal-Indianer aus Mexico verwenden die Pflanze, um **prophetische Visionen** zu erlangen, und nennen sie „thle-pela-kano" oder das „Blatt Gottes". Zur Herbeiführung von visionären Träumen konsumieren sie die Pflanze in Form eines Tees, durch Rauchen oder Verdampfen der Blätter.

Es ist bekannt, dass der Konsum die Anzahl erinnerbarer Träume steigern, jedoch die **Reaktionszeit beeinflussen** kann.

Die medizinischen und psychoaktiven Effekte des Traumkrauts waren bereits in der präkolumbianischen Zeit bekannt, und botanisch wurde die Pflanze erstmals 1834 dokumentiert.

Die westliche Welt wurde erst Mitte des 20. Jahrhunderts auf die psychoaktiven Eigenschaften aufmerksam.

Neben der **spirituellen Nutzung** wird das Traumkraut auch zur äußeren Behandlung von **Hautschwellungen**, sowie innerlich gegen **Fieber, Kopf- und Menstruationsschmerzen**, als Abführmittel und bei **Durchfall** angewandt.

Bei einer **Überdosierung ist dringend ärztlicher Rat** zu suchen. In Deutschland fällt Traumkraut nicht unter das Betäubungsmittelgesetz (BtMG), was den rechtlichen Rahmen für den Umgang mit dieser Pflanze definiert.

Kurz und knapp:

Trauminduzierung: Bekannt dafür, lebhafte und klare Träume zu fördern.

Entspannung: Kann helfen, das Nervensystem zu beruhigen und fördert eine erholsame Nacht.

Spirituelle Erkenntnisse: Wird oft zur spirituellen Exploration oder zur Lösung von Problemen im Traum verwendet.

Konsummethoden

Teezubereitung

Die traditionellste und häufigste Art, aztekisches Traumkraut zu konsumieren, ist die Teezubereitung.

Die Wirkstoffe werden langsamer aufgenommen, was zu einem allmählichen Eintritt der Effekte führt. Ideal vor dem Schlafengehen, um die **Qualität der Traumerfahrungen zu verbessern.**

Rauchen

Aztekisches Traumkraut kann auch geraucht werden, entweder alleine oder gemischt mit Tabak oder anderen Kräutern.

Schnelle Wirkung aber die Effekte halten in der Regel kürzer an als beim Tee.

Vaporisieren

Eine modernere Methode ist das Vaporisieren des getrockneten Krauts.

Vermeidet die Verbrennungsprodukte des Rauchens und ist effizienter in der Nutzung der aktiven Inhaltsstoffe. Ähnlich dem Rauchen, aber oft als reiner und angenehmer in der Wirkung beschrieben. Im Vaporizer wird eine Temperatur von 190-200°C empfohlen.

Essenzielles Öl Extraktion

Einige Anwender extrahieren auch ätherische Öle aus dem aztekischen Traumkraut, um sie in einer aromatherapeutischen Weise zu verwenden.

Öle können langsam durch die Haut aufgenommen werden oder durch Verdampfung inhaliert werden.

Rezept für Aztekischen Traumkraut-Tee

Zutaten:

10-15 Gramm getrocknetes aztekisches Traumkraut

500 ml Wasser

Honig oder ein anderer Süßstoff (zu empfehlen, da Traumkraut extrem bitter schmeckt)

Zitrone oder Limette (optional)

Zubereitung:

Bringe 500 ml Wasser in einem kleinen Topf zum Kochen.

Sobald das Wasser kocht, füge die getrockneten aztekischen Traumkrautblätter hinzu.

Reduziere die Hitze und lasse das Kraut für etwa 10-15 Minuten leicht köcheln. Dieser Vorgang hilft, die aktiven chemischen Komponenten aus den Blättern zu extrahieren.

Nach dem Köcheln nimm den Topf vom Herd und lasse den Tee für weitere 5-10 Minuten ziehen. Je länger der Tee zieht, desto stärker wird die Wirkung des Krauts.

Seihe den Tee durch ein feines Sieb oder einen Teebeutel in eine große Tasse oder einen Becher, um alle Pflanzenteile zu entfernen.

Wenn gewünscht, kannst du etwas Honig oder einen anderen Süßstoff hinzufügen, um den stark bitteren Geschmack zu mildern. Ein Spritzer Zitronen- oder Limettensaft kann ebenfalls den Geschmack verbessern und dem Tee eine erfrischende Note verleihen.

Der Tee sollte warm getrunken werden, idealerweise kurz vor dem Schlafengehen, um die besten Ergebnisse in Bezug auf **Traumklarheit und luzides Träumen zu erzielen.**

Hinweise zur Anwendung:

Beginne mit einer niedrigeren Dosis, um zu sehen, wie dein Körper auf das Kraut reagiert, besonders wenn du es zum ersten Mal verwendest. (Bedenke die ggf. abführende Wirkung)

Aztekisches Traumkraut kann bei manchen Menschen Nebenwirkungen wie Übelkeit oder Kopfschmerzen hervorrufen. Bei unerwünschten Reaktionen sollte der Konsum eingestellt und gegebenenfalls ein Arzt konsultiert werden.

Ayahuasca

Ayahuasca

Ayahuasca, auch bekannt unter Namen wie Yagé, Natem, oder Daime, beschreibt sowohl einen **psychoaktiven Pflanzentrunk** als auch die gleichnamige Liane. Dieser Trank ist reich an Harman-Alkaloiden, die die Funktion von Monoaminooxidase-Hemmern einnehmen und dadurch den Abbau des psychoaktiven Stoffes Dimethyltryptamin **(DMT)** im Körper verlangsamen. Ayahuasca wird von verschiedenen Ethnien des Amazonasgebietes für spirituelle und rituelle Zwecke verwendet, um **Trancezustände** und tiefgreifende spirituelle Erfahrungen zu ermöglichen.

Seine Anwendung findet Ayahuasca in weiten Teilen Südamerikas, von Brasilien und Bolivien bis nach Peru und Ecuador, und hat auch in Brasilien zur Entstehung eigener Ayahuasca basierter Glaubensgemeinschaften geführt. Diese Bewegungen erfreuen sich insbesondere in urbanen Mittelschichtkreisen großer Beliebtheit und haben internationale Bekanntheit erlangt.

In Brasilien ist der religiöse Gebrauch gesetzlich geschützt. In den Vereinigten Staaten wurde er durch ein Urteil des Obersten Gerichtshofs im Jahr 2006 legalisiert.

Indigene Völker nutzen Ayahuasca innerhalb ihrer kulturellen und spirituellen Praktiken, um **heilige Visionen** zu erleben, mit Geistern zu kommunizieren, zukünftige Ereignisse zu sehen oder Heilungswege für physische sowie psychosoziale Probleme zu entdecken.

Schamanen setzen den Trank ein, um Krankheiten zu behandeln. Für sie ist die Wirkung des Tranks nicht auf einen bestimmten Wirkstoff zurückzuführen, sondern auf die **Pflanzenseelen**, die sich den Menschen unter Ayahuasca als **Lehrmeister** offenbaren.

Durch das Trinken des Tees, gesungene Gebete und gemeinschaftliche rituelle Tänze wird ein veränderter Wachbewusstseinszustand erzeugt, der die Wahrnehmung der spirituellen Realität ermöglicht.

Seit den späten 1990er Jahren erfährt Ayahuasca eine zunehmende globale Aufmerksamkeit, teilweise durch Berichte bekannter Persönlichkeiten wie dem Musiker Sting, die in Biografien und Interviews von ihren Ayahuasca-Erfahrungen berichten. Dies führte zum Aufkommen eines westlichen Ayahuasca-Tourismus, insbesondere in Peru, wo „Heilungszentren“ entstanden, die oft von Amerikanern geführt werden und lokale Schamanen beschäftigen.

In diesen Zentren vermischen sich westliche, neoschamanistische Praktiken mit traditionellem Schamanismus, sowie Einflüssen aus dem Buddhismus und Yoga, um den Erwartungen eines internationalen Publikums nach Ethnotherapie gerecht zu werden.

Kurz und knapp:

Psychoaktive Effekte: Ayahuasca führt zu intensiven visuellen und emotionalen Erlebnissen, die als spirituelle Offenbarungen oder tiefgreifende introspektive Einsichten bewirken können.

Heilende Wirkung: Anwender berichten von emotionaler Heilung und Erkenntnissen, die zur Überwindung von Traumata, Angstzuständen und anderen psychischen Problemen beitragen können.

Körperliche Wirkungen: Die Wirkung von Ayahuasca kann auch Übelkeit, Erbrechen und andere körperliche Reaktionen umfassen.

Wichtiger Hinweis: Die Zubereitung und der Konsum von Ayahuasca sollten nur unter Aufsicht eines erfahrenen Schamanen oder in einem rechtlich zugelassenen Rahmen erfolgen, da es kraftvolle psychoaktive Substanzen enthält, die tiefe psychische Effekte hervorrufen können

Konsummethoden

Rituelle Zeremonien: Traditionell wird Ayahuasca in geführten schamanischen Zeremonien konsumiert, die spirituelle Reinigung und Heilung fördern.

Therapeutische Sitzungen: In einigen Ländern wird Ayahuasca unter therapeutischer Aufsicht zur Behandlung von psychischen Störungen wie Depressionen und PTSD verwendet.

Rechtliche Hinweise

In vielen Ländern, darunter die USA und Teile Europas, sind die Bestandteile von Ayahuasca als kontrollierte Substanzen eingestuft. Die

Verwendung von Ayahuasca kann schwerwiegende rechtliche Konsequenzen haben, abhängig von der lokalen Gesetzgebung.

In Deutschland unterliegt Ayahuasca dem BtMG.

Abschließender Hinweis

Der Umgang mit Ayahuasca erfordert Respekt und Vorsicht aufgrund seiner starken Wirkung und potenziellen rechtlichen Problemen. Eine professionelle Begleitung durch erfahrene Praktiker in einem sicheren Umfeld wird dringend empfohlen.

Platz für deine Notizen:

Baldrian

Echter Baldrian

Der echte Baldrian ist eine mehrjährige Pflanze, die Höhen zwischen einem und zwei Metern erreichen kann. Sein natürliches Habitat umfasst große Teile Europas mit Ausnahme Portugals sowie Regionen in Westasien und erstreckt sich östlich bis nach Sibirien, dem Fernen Osten Russlands, Korea, China, Taiwan und Japan.

Diese robuste Pflanze bevorzugt sonnige bis halbschattige Standorte und ist aufgrund ihrer Anpassungsfähigkeit in der Lage, auf nahezu jedem Boden zu gedeihen. Als Pflanze, die Feuchtigkeit schätzt, übersteht sie auch zeitweise Überflutungen und ist daher oft in der Natur entlang von Flussläufen und auf feuchten Wiesen anzutreffen.

Die getrockneten Wurzeln des Baldrians werden in der Pharmazie als pflanzliches **Beruhigungsmittel** verwendet und sind für ihre lindernde Wirkung bei Zuständen wie **Unruhe, Angst, Schlafproblemen**, nervös bedingten Herz-Kreislauf-Beschwerden und **Magen-Darm-Krämpfe**n bekannt.

Häufig findet sich Baldrianwurzel in Kombination mit anderen pflanzlichen Mitteln wie Hopfen, Melisse, Passionsblume, Frauenmantel und Wacholder, um deren beruhigende Effekte zu verstärken.

Insbesondere die Kombination mit Hopfen ist bemerkenswert, da sie die **schlaffördernden** Eigenschaften verstärkt, ähnlich den Effekten der körpereigenen Schlafregulatoren Adenosin und Melatonin. Hopfen weist dabei eine dem Melatonin ähnliche **schlafanregende Wirkung** auf.

In der nordischen Volkskultur wurde der intensiv duftende Baldrian über Eingangstüren gehängt, um **Schutz** vor bösen Geistern zu bieten. Wer Baldrian bei sich führte, galt als immun gegen Hexerei und als geschützt vor dem Teufel. Es wurde sogar angenommen, dass ein Baldrianbüschel, das im Zimmer hängt, sich bewegt, sobald eine Hexe den Raum betritt.

Des Weiteren sollte Baldrian im Bienenstock das Schwärmen der Bienen verhindern und neue Bienen anziehen.

In Überlieferungen zur Pest wird Baldrian zusammen mit Bibernelle als hilfreiches Mittel genannt. Ein altes Sprichwort lautet: „Esst Bibernellen und Baldrian, so geht euch die Pest nicht an."

Weiterhin galt Baldrian als Mittel, das **Zorn hervorrufen** kann, wenn man darauf kaut. So mussten Henker vor einer Exekution Baldrian kauen, um sich von Mitleid nicht ablenken zu lassen und ihre Aufgabe zu erfüllen.

Kurz und knapp:

Fördert den Schlaf: Baldrian wird häufig zur Behandlung von Schlaflosigkeit verwendet. Er verkürzt die Einschlafzeit und verbessert die Schlafqualität.

Reduziert Angst: Er hat eine angstlösende Wirkung und kann helfen, die Symptome leichter Angstzustände zu reduzieren.

Muskelentspannung: Kann auch zur Linderung von Muskelkrämpfen und Spannungszuständen eingesetzt werden.

Konsummethoden

Teezubereitung

Um Baldrian-Tee zuzubereiten, nimmt man etwa 1-2 Teelöffel getrocknete Baldrianwurzel und übergießt diese mit kochendem Wasser. Der Tee sollte dann 10-15 Minuten ziehen, bevor er abgeseiht wird.

Baldrian-Tee hilft, das Nervensystem zu beruhigen und fördert den Schlaf. Ideal für Personen mit Schlafstörungen oder jene, die Schwierigkeiten haben, abends zur Ruhe zu kommen.

Die Wirkstoffe werden langsam freigesetzt, was zu einer allmählichen Entspannung führt.

Vaporisieren

Für das Vaporisieren von Baldrian wird die Wurzel getrocknet und zerkleinert, dann in einem Vaporizer erhitzt. Die Temperatur sollte sorgfältig eingestellt werden, um die Wirkstoffe ohne Verbrennung zu verdampfen. Es wird eine Temperatur von 230-240°C empfohlen.

Die Inhalation ermöglicht eine schnellere Aufnahme der Wirkstoffe durch die Lungen, was zu einer raschen Entspannung führt.

Im Vergleich zum Rauchen ist das Vaporisieren von Baldrian eine gesündere Option, da keine schädlichen Verbrennungsprodukte entstehen.

Rezept für Baldrian-Tee

Zutaten:

1 Teelöffel getrocknete Baldrianwurzel (etwa 2-3 Gramm)

250 ml Wasser

Zubereitung:

Bringe das Wasser in einem kleinen Topf zum Kochen.

Gib die getrocknete Baldrianwurzel in das kochende Wasser.

Reduziere die Hitze und lasse den Tee für 10 bis 15 Minuten köcheln. Dies gibt der Baldrianwurzel genügend Zeit, ihre Wirkstoffe ins Wasser abzugeben.

Seihe den Tee durch ein feines Sieb in eine Tasse, um die Baldrianwurzelstücke zu entfernen.

Falls gewünscht, kannst du den Tee mit Honig oder einem anderen natürlichen Süßstoff süßen. Manche mögen es auch, eine Scheibe Zitrone hinzuzufügen oder den Baldriantee mit anderen beruhigenden Kräutern wie Kamille oder Minze zu mischen.

Genieße deinen Baldriantee etwa 30 bis 60 Minuten vor dem Schlafengehen, um seine entspannenden und schlaffördernden Eigenschaften optimal zu nutzen.

Die Wirkung von Baldriantee kann von Person zu Person unterschiedlich sein. Einige Menschen finden ihn sehr wirksam, während andere möglicherweise nur eine leichte Wirkung spüren.

Für beste Ergebnisse kann Baldriantee regelmäßig, jedoch nicht übermäßig konsumiert werden. Eine tägliche Anwendung über mehrere Wochen ist üblich, aber es ist ratsam, gelegentlich Pausen einzulegen, um die Effektivität des Baldrians zu erhalten.

Vorsicht bei der Kombination mit Medikamenten:

Baldrian kann die Wirkung von sedierenden Medikamenten verstärken.

Blauer Lotus

Blauer Lotus

Der Blaue Lotus, findet seine Heimat in den gemächlichen Flussläufen und Stillgewässern tropischer Regionen sowie im südlichen Afrika und Ägypten. In der ägyptischen Antike war er, neben dem Skarabäus, ein zentrales Symbol für **Wiedergeburt** und **Erneuerung**. Diese symbolische Bedeutung leitet sich von der einzigartigen Fähigkeit der Pflanze ab, ihre Blüten beim Untergang der Sonne zu schließen und unterzutauchen, um sie bei Tagesanbruch erneut zu öffnen und dem Licht entgegenzustrecken. Dadurch wurde der Blaue Lotus zum Sinnbild des **zyklischen Lebens** und der Erneuerung, ähnlich der Rolle des Skarabäus, der die Sonne repräsentiert.

In der Kultur des Alten Ägyptens wurde die blaue Lotusblüte als **heilig** verehrt und symbolisierte Oberägypten, so wie der Papyrus für Unterägypten stand.

Die Lotusblüte fand sowohl im Leben als auch im Tod Verwendung, beispielsweise als Teil der floralen Dekorationen für Mumien, wie die von Ramses II.

Mit der Zeit kam der Lotusblüte eine weitere symbolische Bedeutung zu: die göttliche Entstehung des Sonnengottes, der gemäß altägyptischer Schöpfungsmythen in einer Lotusblüte aus dem Urmeer Nun geboren wurde. Daher betrachteten die Ägypter den Sonnenaufgang als tägliche Wiederholung der Schöpfung und Auferstehung, verkörpert durch die Lotusblüte.

Der Blaue Lotus hat vielfältige Effekte, darunter **narkotische, aphrodisierende, euphorisierende und leicht halluzinogene** Wirkungen, und kann auch das Empfinden von **Empathie** verstärken, soziale **Hemmungen abbauen** oder zu **tiefem Schlaf** führen.

Ursprünglich wurde der Blaue Lotus in Ägypten wegen seines Duftes angebaut, doch seine **psychoaktiven** Eigenschaften waren vermutlich bekannt, wie Darstellungen zusammen mit Schlafmohn und Alraunen nahelegen.

Obwohl der Blaue Lotus heute noch ein **Geheimtipp** in Deutschland ist, steigt das Interesse an ihm stetig.

Als Entheogen ist er zwar weniger bekannt, aber in Räucherwerken und Kräutermischungen wird ihm eine positive Wirkung zugeschrieben. Traditionell wird der Blaue Lotus als Tee zubereitet, wobei 5 Gramm der getrockneten Blütenblätter mit kochendem Wasser übergossen und etwa 10 Minuten ziehen gelassen werden, um die aktiven Substanzen freizusetzen. Zudem lässt er sich in hochwertiger Qualität auch verdampfen.

Bekannt wurde der Blaue Lotus auch durch seine Rolle in der umstrittenen Kräutermischung „Spice", die unter anderem zu motorischen Störungen führen kann.

Im Falle einer Überdosierung ist dringend ärztlicher Rat zu suchen. In Deutschland fällt der Blaue Lotus nicht unter das Betäubungsmittelgesetz (BtMG).

Kurz und knapp:

Beruhigende Wirkung: Blauer Lotus ist bekannt für seine beruhigenden Eigenschaften, die helfen können, Stress und Angstzustände zu lindern.

Schlafffördernd: Die sedativen Effekte des Blauen Lotus können ebenfalls dazu beitragen, den Schlaf zu verbessern, besonders bei Personen, die unter Schlaflosigkeit leiden.

Schmerzlinderung: Einige Anwender berichten von schmerzlindernden Effekten, die besonders bei Menstruationsbeschwerden oder allgemeinen Schmerzzuständen hilfreich sein können.

Aphrodisiakum: Ähnlich wie andere natürliche Aphrodisiaka kann Blauer Lotus die sexuelle Libido steigern und wird historisch mit der Förderung der sexuellen Vitalität in Verbindung gebracht.

Antioxidative Blauer Lotus enthält Antioxidantien, die dabei helfen können, freie Radikale zu neutralisieren und somit die allgemeine Gesundheit zu unterstützen.

Konsummethoden

Teezubereitung

Um Tee aus Blauem Lotus herzustellen, benötigt man getrocknete Blüten der Pflanze. Etwa 5-10 Gramm der getrockneten Blüten werden in heißes Wasser gegeben und sollten etwa 15 bis 20 Minuten ziehen.

Blauer Lotus-Tee kann eine beruhigende Wirkung haben, die hilft, Stress und Angstzustände zu reduzieren.

Leichte psychoaktive Effekte: Manche Nutzer berichten von leichten euphorischen Zuständen und einer **Verbesserung der Traumerinnerung.**

Historisch wurde Blauer Lotus in Ägypten als Ritualgetränk verwendet, das zur Entspannung und möglicherweise zur Förderung der spirituellen Erkenntnis getrunken wurde.

Vaporisieren

Für das Vaporisieren wird eine Temperatur von 100°C bis 125°C empfohlen. Man verwendet getrocknete Blüten, die in den Vaporizer gegeben werden.

Durch das Vaporisieren werden die aktiven Inhaltsstoffe schnell freigesetzt, was zu einer rascheren und oft intensiveren Wirkung führt.

Im Vergleich zum Rauchen ist Vaporisieren eine gesündere Option, da keine Verbrennungsprodukte entstehen. Diese Methode ermöglicht eine effiziente Aufnahme der psychoaktiven Substanzen.

Zusätzliche Konsummethoden

In der Antike wurde Blauer Lotus oft in Wein eingelegt, um dessen psychoaktive Wirkungen zu verstärken. Dieser Konsumweg wird auch heute noch von manchen praktiziert.

Rauchen: Obwohl weniger verbreitet, kann Blauer Lotus auch geraucht werden, ähnlich wie andere Kräuter.

Hinweis

Obwohl Blauer Lotus allgemein als sicher gilt, sollte der Konsum moderat erfolgen, besonders bei Kombinationen mit anderen Substanzen.

Rezept für Blauen Lotus-Tee

Zutaten:

5 Gramm getrocknete Blaue Lotus Blüten

1 Liter Wasser

Honig oder ein anderer Süßstoff (optional)

Zubereitung:

Bring das Wasser zum Kochen.

Gib die getrockneten Blauen Lotus Blüten in das kochende Wasser.

Lasse den Tee etwa 15 bis 20 Minuten lang ziehen, um sicherzustellen, dass die Wirkstoffe aus den Blüten extrahiert werden.

Seihe die Blüten ab und gießen den Tee in eine Teetasse.

Füge nach Belieben Honig oder einen anderen Süßstoff hinzu, um den Geschmack zu verbessern.

Genießen den Tee heiß, um seine entspannenden und beruhigenden Eigenschaften voll auszukosten.

Dieser Tee eignet sich hervorragend für die Abendstunden, um den Körper auf eine **ruhige Nacht** vorzubereiten und **auf luzides Träumen einzustimmen.**

Platz für deine Notizen:

Cannabis

Cannabis

Cannabis stellt eine der ältesten bekannten Nutzpflanzen der Menschheit dar. Diese einjährig wachsende Staude kann unter optimalen Umweltbedingungen eine beeindruckende Höhe von bis zu drei Metern erreichen. Ursprünglich aus Zentralasien stammend, hat sich Cannabis durch den Einfluss des Menschen über Tausende von Jahren weltweit ausgebreitet und ist nun in gemäßigten bis tropischen Zonen überall auf der Erde zu finden.

Cannabisarten, die in männliche und weibliche Pflanzen getrennt sind, spielen seit jeher in der Kultur und Medizin verschiedener Zivilisationen eine bedeutende Rolle. Schon im alten China wurde Hanf nicht nur wegen seiner nahrhaften Samen und der robusten Fasern seiner Stängel geschätzt, sondern auch als **Heilmittel für eine Vielzahl von Beschwerden** wie Malaria und Rheuma.

Auch in der Gushi-Kultur in China zeugen 2700 Jahre alte Grabfunde von der psychoaktiven Nutzung des Cannabis, die als Grabbeigabe dienten.

Seine Reise führte die Pflanze von Indien und den alten Zivilisationen des heutigen Iraks bis nach Europa, wo die ältesten Funde etwa 5500 Jahre alt sind.

Hanf diente im antiken Griechenland und Ägypten unter anderem als Kleidungsmaterial, was bereits um 450 v. Chr. dokumentiert wurde. Bis weit in die Neuzeit hinein nutzte man Hanf in Europa für die Herstellung von Seilen, Segeln und als Rohstoff für die Papierproduktion, bevor die Holzpapierherstellung etabliert wurde.

Die medizinischen Eigenschaften von Cannabis, vor allem die Wirkstoffe Tetrahydrocannabinol (THC) und Cannabidiol (CBD), sind erst in neuerer Zeit in den Mittelpunkt wissenschaftlicher Forschung gerückt und haben zur Erkenntnis geführt, dass Cannabis **vielfältige therapeutische Anwendungen** besitzt.

In Deutschland ist Cannabis seit dem 10. März 2017 als Arzneimittel zugelassen und kann von Ärzten für therapeutische Zwecke verschrieben werden. Dies war ein bedeutender Schritt, der die medizinische Verwendung von **Cannabis legitimiert** hat.

Seit dem 1. April 2024 unterliegt Cannabis in Deutschland nicht mehr dem Betäubungsmittelgesetz, was einen Wendepunkt in der Nutzung der Pflanze markiert.

Die **psychoaktiven** Eigenschaften, insbesondere die von THC, haben Cannabis zur am weitesten verbreiteten konsumierten pflanzlichen-Droge gemacht.

Doch die Entspannung der rechtlichen Rahmenbedingungen spiegelt ein wachsendes Verständnis für die komplexen Effekte von Cannabis auf das menschliche **Wohlbefinden** und die **Gesundheit** wider.

In der Geschichte wurde Cannabis nicht nur für seine Fasern und Nahrungsqualitäten geschätzt, sondern auch für seine **spirituelle und rituelle Bedeutung** in vielen Kulturen. Die Verwendung der Pflanze reicht von religiösen Zeremonien bis hin zu traditionellen Heilmethoden, die die vielfältigen Wirkungen von Cannabis auf Körper und Geist nutzen. Die Anerkennung von Cannabis als therapeutische Substanz und die Lockerung seiner rechtlichen Beschränkungen, markieren den Beginn einer neuen Ära im Verständnis und in der Anwendung dieser alten Pflanze. Therapeutisch wird Cannabis in der

Behandlung von **chronischen Schmerzen, spastischen Beschwerden bei Multipler Sklerose, Übelkeit und Erbrechen** bei **Chemotherapie** sowie in der **Palliativmedizin** eingesetzt. Darüber hinaus zeigt es positive Effekte bei der Behandlung von **Angststörungen, Schlafstörungen** und bestimmten Formen von **Epilepsie**.

Neben den medizinischen Anwendungen wird Cannabis auch in spirituellen Kontexten genutzt. In vielen Kulturen gilt es als Mittel zur **Erweiterung** des **Bewusstseins** und zur Förderung von Meditation und spirituellen Erfahrungen. Diese Nutzung reflektiert die tiefgreifenden psychoaktiven Eigenschaften von Cannabis und dessen Fähigkeit, das menschliche Erleben zu intensivieren und zu bereichern.

Kurz und knapp:

Schmerzlinderung: Cannabis wird häufig zur Linderung chronischer Schmerzen eingesetzt. THC und CBD interagieren mit dem Schmerzempfinden im Gehirn, was es zu einer beliebten Alternative zu traditionellen Schmerzmitteln macht.

Entzündungshemmend: CBD hat nachweislich entzündungshemmende Eigenschaften. Es wird bei der Behandlung von Zuständen wie Arthritis und anderen entzündlichen Erkrankungen eingesetzt. Auch hervorragend in der Hautpflege.

Antiübelkeit: THC hat sich als wirksam bei der Reduzierung von Übelkeit und Erbrechen erwiesen, besonders bei Patienten, die Chemotherapien unterzogen werden.

Appetitanregung: Cannabis ist bekannt dafür, den Appetit zu steigern. Es wird oft verwendet, um die Appetitlosigkeit bei Patienten mit Krebs, AIDS und anderen Erkrankungen zu bekämpfen.

Stress- und Angstabbau: Cannabis kann entspannend wirken und wird oft zur Stressreduktion und zur Behandlung von Angststörungen verwendet. Es ist jedoch wichtig zu beachten, dass hohe THC-Konzentrationen bei einigen Personen Angst und Paranoia verstärken können.

Schlafförderung: Cannabis kann schlaffördernd wirken, besonders Sorten mit einem hohen Anteil an Indica. Es wird häufig von Personen mit Schlafstörungen verwendet.

Neuroprotektive Eigenschaften: Forschungen deuten darauf hin, dass CBD neuroprotektive Eigenschaften besitzt, was es potenziell nützlich für die Behandlung von neurodegenerativen Krankheiten wie Parkinson und Alzheimer macht.

Cannabis kann als „Verstärker“ für sehr viele in diesem Buch aufgeführten Kräuter dienen.

Konsummethoden

Rauchen

Das Rauchen von Cannabis ist die traditionellste Form des Konsums. Die getrockneten Blüten der Cannabis-Pflanze werden zerkleinert und in Zigarettenpapier gerollt oder in Pfeifen bzw. Bongs geraucht.

Beim Rauchen gelangen die Wirkstoffe wie THC und CBD schnell in den Blutkreislauf, da sie über die Lunge aufgenommen werden. Die Effekte können innerhalb weniger Minuten spürbar werden. Es ist allerdings abhängig von der Sorte schwierig präzise zu dosieren, was zu stärkeren oder unerwarteten Rauschzuständen führen kann.

Fördert Entspannung, kann aber auch zu gesteigerter Wahrnehmung, Euphorie oder, abhängig von der Sorte und der Dosis, zu Angstzuständen führen.

Vaporisieren

Im Vaporizer wird eine Temperatur von 170-210°C empfohlen.

Reduziert die Aufnahme von Teer und anderen schädlichen Verbrennungsstoffen.

Die Wirkung wird ähnlich wie beim Rauchen, aber oft als klarer und weniger schwer im Kopf beschrieben. Die Wirkung tritt fast genauso schnell ein, ist jedoch oft milder und kontrollierbarer, was wiederum angenehmer ist, um den Zustand des luziden Träumens zu erreichen und die Visionen bewusst zu steuern zu erleben.

Teezubereitung

Cannabis-Tee wird durch das Aufkochen von Cannabisblättern oder -blüten, oft in Kombination mit Fetten wie Milch oder Butter, hergestellt, da die Wirkstoffe fettlöslich sind.

Die Cannabinoide werden über den Verdauungstrakt aufgenommen, was zu einer verzögerten Wirkung führt.

Die Effekte können langsamer einsetzen, sind aber oft länger spürbar.

Cannabis-Tee kann beruhigend wirken und wird häufig zur Schmerzlinderung oder zur Förderung des Schlafes eingesetzt.

Rezept für Cannabis-Tee

Zutaten:

1-2 Gramm getrocknete Cannabisblüten (je nach gewünschter Stärke und persönlicher Toleranz)

1 Tasse Wasser

1 Teelöffel Butter oder Kokosöl (als Bindemittel für die Cannabinoide)

Honig oder Zucker nach Geschmack

Optional: Teebeutel deiner Wahl zur Geschmacksverbesserung (z.B. Kamille oder Minze)

Zubereitung:

Zerkleinere die Cannabisblüten grob. Dies erhöht die Oberfläche und verbessert die Extraktion der Wirkstoffe.

Bringe eine Tasse Wasser in einem Topf zum Kochen.

Füge die Butter oder das Kokosöl zum kochenden Wasser hinzu. Dies hilft, die Cannabinoide aus der Pflanze zu extrahieren, da sie fettlöslich sind.

Gib das zerkleinerte Cannabis in das kochende Wasser. Reduziere die Hitze und lasse es etwa 15 Minuten leicht köcheln. Achte darauf, dass es nicht zu stark kocht, um die wertvollen Cannabinoide nicht zu beschädigen.

Nach dem Köcheln nimm den Topf vom Herd und lasse den Tee etwa 5 Minuten ziehen.

Seihe die Mischung durch ein feines Sieb oder einen Kaffeefilter, um Pflanzenreste zu entfernen.

Füge nach Belieben Honig oder Zucker hinzu. Du kannst auch einen Teebeutel während des Ziehens in der heißen Mischung belassen, um den Geschmack zu verbessern.

Genieße den Tee warm. Aufgrund der Fettzugabe kann sich ein öliger Film auf der Oberfläche bilden.

Hinweise zur Wirkung

Cannabis-Tee kann eine mildere Wirkung haben als andere Konsumformen wie Rauchen oder Vaporisieren. Die Wirkung tritt in der Regel nach etwa 30 Minuten bis zu einer Stunde ein und kann je nach Dosierung und individueller Toleranz mehrere Stunden anhalten. Die Effekte können entspannend sein und helfen, Schmerzen, Entzündungen und Schlafstörungen zu lindern.

Wie bei jedem Cannabisprodukt ist es wichtig, mit einer niedrigen Dosis zu beginnen und die Wirkung abzuwarten, besonders wenn du neu bei der Verwendung von essbarem Cannabis bist. Dies hilft, unerwünschte Effekte zu vermeiden und eine angenehme Erfahrung zu gewährleisten.

Platz für deine Notizen:

Damiana

Damiana

Die Pflanze Damiana trägt ihren Namen zu Ehren des Heiligen Damian, des Schutzpatrons der Apotheker. Diese Art findet sich in einem weitläufigen Areal, das von Süd-Nordamerika bis hinunter nach Argentinien reicht.

Damiana bevorzugt trockene, felsige und offene Lebensräume, oft auf Kalkstein oder Klippen und in Mischwäldern, typischerweise in Höhenlagen zwischen 500 und 1950 Metern. Ihr Verbreitungsgebiet erstreckt sich im Norden bis in die Vereinigten Staaten.

Eine der bemerkenswerten Eigenschaften von Damianablättern ist ihre Verwendung als **Tabakersatz,** wobei sie entweder pur oder in Kräutermischungen geraucht werden können. Besonders bekannt ist Damiana für ihre traditionelle Nutzung als natürliches **Aphrodisiakum,** eine Anwendung, die tief in der prähistorischen Kultur der Maya verwurzelt ist, welche sie sowohl als Medizin als auch **Liebestrank** schätzten.

Die Pflanze ist reich an ätherischen Ölen wie Cineol und Thymol, was sie zu einer beliebten Wahl bei der Behandlung von **Erkältungssymptomen** macht. Zusätzlich enthält Damiana Koffein.

In den traditionellen Medizin der indigenen Völker Mittel- und Südamerikas genießt Damiana hohes Ansehen. In der Maya-Sprache wird sie als „Asthmabesen“ bezeichnet und traditionell in Teeform zur Linderung von **Asthma** und **Bronchitis** verwendet. Ihr Hauptanwendungsgebiet liegt jedoch in ihrer Funktion als **Aphrodisiakum**, weshalb sie auch umgangssprachlich als „Hemdauszieher“ bekannt ist.

Kurz und knapp:

Stimmungsaufhellend: Damiana wird oft zur Linderung von Depressionen und zur Stimmungsverbesserung verwendet.

Verdauungsfördernd: Es kann helfen, die Verdauung zu verbessern und Verstopfungen zu lindern.

Menstruationsfördernd: Damiana hat traditionell Anwendung gefunden, um menstruelle Beschwerden zu lindern und den Menstruationszyklus zu regulieren.

Libidosteigerung: Damiana wird traditionell verwendet, um die sexuelle Lust zu steigern. Es wird angenommen, dass die Pflanze eine erhöhende Wirkung auf die sexuelle Erregbarkeit hat, sowohl bei Männern als auch bei Frauen.

Damiana sollte mit Vorsicht verwendet werden, da übermäßiger Konsum Nebenwirkungen wie Magenbeschwerden oder potenzielle Wechselwirkungen mit anderen Medikamenten verursachen kann.

Konsummethoden

Teezubereitung

Für die Teezubereitung werden etwa ein bis zwei Teelöffel getrocknete Damiana-Blätter mit kochendem Wasser übergossen. Die Mischung sollte dann 10-15 Minuten ziehen, bevor sie abgeseiht wird.

Als Tee konsumiert, kann Damiana beruhigend wirken und hilft, Stress und Angst zu reduzieren. Es wird auch gesagt, dass es eine sanfte aphrodisierende Wirkung hat, die die Libido steigern kann.

Rauchen

Getrocknete Damiana-Blätter können in Papier gerollt und wie eine Zigarette geraucht werden. Manchmal wird Damiana auch in Kräutermischungen mit anderen Kräutern kombiniert, um verschiedene Effekte zu erzielen.

Beim Rauchen tritt die entspannende Wirkung fast sofort ein. Es kann helfen, das Nervensystem zu beruhigen und gleichzeitig eine milde Euphorie zu fördern.

Vaporisieren

Damiana kann in einem Vaporizer bei einer Temperatur von etwa 190°C vaporisiert werden. Das Verdampfen gilt als eine gesündere Alternative zum Rauchen, da keine Verbrennungsprodukte entstehen.

Vaporisiertes Damiana liefert die entspannenden und aphrodisierenden Wirkstoffe in einer konzentrierten Form, was zu schnelleren und oft intensiveren Effekten führen kann.

Rezept für Damiana-Tee

Zutaten:

2 Teelöffel getrocknete Damiana-Blätter

250 ml kochendes Wasser

Honig oder ein anderer Süßstoff (optional)

Zitrone (optional, für Geschmack)

Zubereitung:

Gib die getrockneten Damiana-Blätter in eine Teekanne.

Gieße das kochende Wasser über die Blätter.

Lass den Tee etwa 15 bis 20 Minuten ziehen, damit die aktiven Inhaltsstoffe vollständig extrahiert werden können.

Seihe die Blätter ab und gieße den Tee in eine Tasse.

Füge nach Geschmack Honig und ein paar Tropfen Zitronensaft hinzu.

Genießen den Tee heiß, um seine entspannenden und beruhigenden Eigenschaften voll auszukosten.

Dieser Tee eignet sich hervorragend für die Abendstunden, um den Körper auf eine **ruhige Nacht** vorzubereiten und **auf luzides Träumen einzustimmen.**

Platz für deine Notizen:

Echter Salbei

Echter Salbei

Echter Salbei, auch bekannt als Küchensalbei, Heilsalbei oder Garten-Salbei, stammt ursprünglich aus dem Mittelmeerraum. Dieser aromatische Halbstrauch hat sich über die Jahrhunderte in ganz Europa etabliert und erreicht Höhen von bis zu 80 Zentimetern. Er blüht von Mai bis Juli und verströmt einen intensiven Duft, der ihn in jedem Garten unverkennbar macht.

Salbei gedeiht am besten auf kalkreichen, trockenen und steinigen Böden, wobei er in Mitteleuropa bedingt winterhart ist und in kälteren Regionen Schutz benötigt. In der freien Natur konkurriert er nur selten mit einheimischen Wildpflanzen, was seine Verbreitung außerhalb kultivierter Gebiete limitiert.

Historisch wurde Salbei bereits im 4. Jahrhundert n. Chr. als **heilige Pflanze** beschrieben, die schon den Griechen wohlbekannt war. Sie priesen ihn als „**Speise der Gebärenden**", was seine Verwendung in der **Frauenheilkunde** unterstreicht. Auch die Philosophiestudenten der Antike nutzten Salbei, um das Gedächtnis zu schärfen und **den Geist zu erfrischen**.

Eine faszinierende mythologische Geschichte umgibt den Salbei, in der es heißt, dass er seinen betörenden Duft der Göttin Aphrodite verdankt. Die Legende besagt, dass Aphrodite sich vor Zeus unter einem Salbeistrauch versteckte. Als Zeus die Sonne darauf scheinen ließ, schützte Aphrodite den Strauch mit ihren göttlichen Kräften. Die dicken, samtigen Blätter des Salbeis wurden von Aphrodite als Schutz gegen die brennende Sonne geformt, und so erhielt der Salbei seinen Duft als Dank der Göttin.

Medizinisch betrachtet wird Salbei aufgrund seiner **antiviralen**, **antibakteriellen**, **entzündungshemmenden** und **adstringierenden** Eigenschaften geschätzt. Er wird traditionell eingesetzt, um bei **Verdauungsproblemen** zu helfen, da er die Bekömmlichkeit schwerer Kost fördert. Außerdem wird er zur Linderung von Entzündungen im Mund- und Rachenraum verwendet, wobei Salbeitee zum Gurgeln empfohlen wird. Weitere bekannte Anwendungen umfassen die Behandlung von übermäßigem Schwitzen und die Unterstützung des Nervensystems.

Aber auch spirituell, wurde Salbei schon früh genutzt. Bereits im Mittelalter wurde er wegen seiner Fähigkeit, die Umgebung zu **reinigen** und zu **schützen**, geschätzt. Es wurde angenommen, dass das Räuchern von Salbeiblättern Räume von **negativen Energien** und Krankheiten befreien kann, eine Praxis, die während der großen Pestepidemien als Schutz vor der Krankheit eingesetzt wurde.

Salbei wird auch heute noch in vielen Kulturen für seine spirituellen Eigenschaften geschätzt und in **Reinigungsritualen** verwendet.

Die rituelle Reinigung mit Salbei, insbesondere mit weißem Salbei und echtem Salbei, ist eine jahrhundertealte Praxis, die in vielen Kulturen, besonders aber bei indigenen Völkern Nordamerikas, tief verwurzelt ist. Diese Tradition hat auch in vielen anderen Teilen der Welt an Beliebtheit gewonnen, oft im Kontext spiritueller Zeremonien oder als Methode zur energetischen Reinigung von Räumen.

Kurz und knapp:

Antimikrobielle Wirkung: Salbei hat starke antibakterielle und antivirale Eigenschaften, was ihn zu einem hervorragenden Mittel zur Bekämpfung von Infektionen macht, insbesondere im Mund- und Rachenbereich.

Entzündungshemmend: Die entzündungshemmenden Eigenschaften von Salbei können bei der Linderung von Schmerzen und Schwellungen in Gelenken und bei Verdauungsbeschwerden helfen.

Unterstützung der Verdauung: Salbei fördert die Verdauung und kann helfen, Symptome von Verdauungsstörungen wie Blähungen und Krämpfe zu lindern.

Kognitive Förderung und Gedächtnisstütze: Studien legen nahe, dass Salbei die kognitive Funktion verbessern und das Gedächtnis stärken kann, was ihn zu einem potenziellen natürlichen Behandlungsansatz bei Alzheimer macht.

Beruhigende Wirkung: Salbei hat eine mild beruhigende Wirkung, die bei Angstzuständen und Stress helfen kann.

Reinigende Eigenschaften: energetische Reinigung von Räumen und Personen

Konsummethoden

Teezubereitung

Um Salbeitee herzustellen, übergieße einen Teelöffel getrockneter oder frischer Salbeiblätter mit kochendem Wasser. Lasse den Tee etwa 5-10 Minuten ziehen, bevor du ihn abseihst.

Salbeitee eignet sich hervorragend zum Gurgeln bei Halsschmerzen oder einfach zum Trinken, um seine gesundheitlichen Vorteile zu nutzen.

Rauchen

Obwohl weniger üblich, kann Salbei auch geraucht werden, was eine schnelle Linderung bei Atemwegserkrankungen bieten kann.

Vaporisieren

Salbei kann in einem Vaporizer verwendet werden, bei einer empfohlenen Temperatur von etwa 130-150°C.

Ideal bei Hals und Rachenentzündungen oder zum aromatisieren in einer Kräutermischung.

Rituelle Reinigung mit weißem und echtem Salbei

Echter Salbei, aber auch vor allem der weiße Salbei ist besonders bekannt für seine starken reinigenden und schützenden Eigenschaften. Er wird häufig in Bündeln getrocknet und angezündet, wobei der Rauch verwendet wird, um Personen, Objekte oder Orte energetisch zu reinigen. Der Rauch wird als heilig betrachtet und soll negative Energien entfernen, Schutz bieten und Heilung fördern. Die Praxis wird oft zu Beginn spiritueller Zeremonien angewendet, um den Raum und die Teilnehmenden zu reinigen.

Diese Praxis der Reinigung mit Salbei kann dazu beitragen, Räume energetisch zu klären und eine Umgebung für neue positive Erfahrungen und spirituelles Wachstum zu schaffen.

Ideal um dich und deinen Schlafplatz auf die luzide Traumerfahrung vorzubereiten.

Schritte für eine Salbei-Reinigung

Diese Praxis der Reinigung mit Salbei kann dazu beitragen, Räume energetisch zu klären und eine Umgebung für neue positive Erfahrungen und spirituelles Wachstum zu schaffen.

Vorbereitung:

Wähle einen ruhigen Tag für die Reinigung, idealerweise wenn du ungestört sein kannst.

Öffne Fenster und Türen, um negativen Energien einen Weg nach draußen zu bieten.

Zünde das Salbei-Bündel an einem Ende an und puste die Flammen aus, sodass es zu rauchen beginnt. Verwende eine feuerfeste Schale, um herunterfallende Glut aufzufangen.

Reinigung durchführen:

Beginne an der Tür des zu reinigenden Raumes und bewege dich im Uhrzeigersinn durch den Raum, wobei du den Rauch in alle Ecken und über alle Gegenstände wehen lässt. Konzentriere dich dabei auf deine Reinigungsabsichten.

Benutze eine Feder oder deine Hand, um den Rauch in die gewünschten Richtungen zu lenken.

Wiederhole bei Bedarf Reinigungsgebete oder Mantras, um deine Absicht zu verstärken.

Beende die Reinigung dort, wo du begonnen hast, und danke dem Salbei für die Unterstützung.

Lasse das Salbei-Bündel in der feuerfesten Schale ausbrennen oder lösche es vorsichtig aus, um es später erneut verwenden zu können.

Achte darauf, dass der Rauch für dich und andere Anwesende verträglich ist, besonders für Haustiere und Kinder.

Platz für deine Notizen:

Eukalyptus

Eukalyptus

Eukalyptusbäume, auch bekannt als Blaugummibäume, gehören zur Gattung der Myrtengewächse, die ursprünglich aus Australien und Indonesien stammen. Mit über 600 verschiedenen Arten dominieren Eukalyptusbäume den australischen Kontinent, wo sie etwa 70 % des Baumbestandes ausmachen.

Diese immergrünen, oft sehr hohen Bäume und Sträucher sind nicht nur in ihrer Heimat Australien, einschließlich Tasmanien und dem östlichen Teil Indonesiens, verbreitet, sondern auch in vielen subtropischen Regionen weltweit. Eukalyptusbäume sind für ihr schnelles Wachstum bekannt und spielen eine zentrale Rolle in den Ökosystemen und Kulturen Australiens und Ozeaniens.

Dort sind zahlreiche Bräuche und Mythen mit den heilenden Eigenschaften des Eukalyptus verbunden. So glaubt man, dass Eukalyptuszweige vor Blitzschlag schützen und das sie Haustiere vor Krankheiten und **bösem Zauber bewahren** können.

Koalabären, die sich fast ausschließlich von Eukalyptusblättern ernähren, leben in enger Symbiose mit diesen Bäumen. Die Tiere verbringen den Großteil ihrer Zeit schlafend in den Ästen, unterbrochen nur durch die Nahrungsaufnahme, was die schützenden Eigenschaften des Baumes unterstreicht.

Eukalyptus hat eine starke spirituelle Bedeutung, die sich in der **Förderung** von **Lernbereitschaft** und **geistiger Klarheit** zeigt.

Seine **entspannende** und **befreiende** Wirkung wird oft zur Unterstützung bei Behandlungen von Burnout und bei Erschöpfungszuständen eingesetzt.

Eukalyptus **aktiviert stagnierende Energien**, verbessert die **Kommunikationsfähigkeiten** und kann helfen, verschlossene Menschen zu **öffnen**.

Aus den Blättern und Zweigen werden durch Wasserdampfdestillation ätherische Öle gewonnen, die je nach Art in ihrer chemischen Zusammensetzung und Wirkung variieren. Diese Öle werden häufig in der **Aromatherapie** eingesetzt. Das bekannte Eukalyptusöl, oft vom Blauer Eukalyptus stammend, kann Mischungen aus verschiedenen Eukalyptusarten enthalten.

Eukalyptusöl ist besonders wirksam bei der Linderung von Symptomen verschleimter Atemwege und verstopfter Nase. Es unterstützt das Abhusten, wirkt **krampflösend** und **antibakteriell**, was es zu einem wertvollen Mittel bei Erkältungen und anderen leichten Atemwegserkrankungen macht.

Allerdings ist zu beachten, dass Eukalyptusprodukte in **großen Mengen auch für Erwachsene giftig** sein können.

Kurz und knapp:

Atemwege: Eukalyptus ist bekannt für seine Fähigkeit, Atemwegsprobleme zu lindern. Das ätherische Öl hilft Schleim zu lösen und erleichtert das Atmen bei Erkältungen, Grippe und Bronchitis.

Antimikrobielle Wirkung: Eukalyptus hat starke antibakterielle und antivirale Eigenschaften, die es zu einem nützlichen Mittel gegen verschiedene Infektionen machen.

Entzündungshemmend: Die entzündungshemmenden Eigenschaften des Eukalyptus machen ihn effektiv bei der Behandlung von Schmerzen, Arthritis und anderen entzündlichen Erkrankungen.

Mentale Klarheit: Eukalyptus wird oft zur Förderung der mentalen Klarheit und Konzentration eingesetzt. Es kann auch bei mentaler Erschöpfung helfen und das allgemeine Wohlbefinden steigern.

Spirituelle Reinigung: Im spirituellen Kontext wird Eukalyptus verwendet, um Räume zu reinigen und zu schützen, negative Energien zu vertreiben und Heilung zu fördern. Ideal zur Vorbereitung und Klärung bei spirituellen Praktiken.

Konsummethoden

Teezubereitung

Einige Blätter oder Eukalyptusteebeutel mit heißem Wasser überbrühen und 10 Minuten ziehen lassen.

Trinke den Tee, um Erleichterung bei Erkältungssymptomen zu finden oder um eine beruhigende Wirkung zu erzielen.

Vaporisieren

Eukalyptusblätter oder -öl in einem Vaporizer erhitzen, um die ätherischen Öle freizusetzen. Das Einatmen des Dampfes kann sofortige Linderung bei Nasenverstopfung und Atemwegsproblemen bieten und fördert die mentale Klarheit. Es wird eine Temperatur von 120-130°C empfohlen.

Alternative Anwendungen

Aromatherapie: Eukalyptusöl in einem Diffusor verwenden, um die Luft zu reinigen und eine erfrischende, geklärte Atmosphäre zu schaffen.

Spirituelle Praktiken: Eukalyptusblätter verbrennen, ähnlich wie bei einer Räucherstäbchen-Zeremonie, um einen Raum energetisch zu reinigen.

Rituelle Reinigung mit Eukalyptus

Eine spirituelle Reinigungszeremonie mit Eukalyptus kann dazu beitragen, einen Raum von negativen Energien zu befreien und eine Atmosphäre der Ruhe und Klarheit zu schaffen, die für Meditation, Heilung oder deine luzide Traumreise förderlich ist.

Materialien:

Eukalyptusblätter oder getrocknete Eukalyptusbündel

Eukalyptusöl

Ein Feuerfestes Gefäß (z.B. eine Abalone-Muschel oder eine Keramikschale)

Kohle (wenn getrocknete Blätter verwendet werden)

Streichhölzer oder ein Feuerzeug

Ein Federfächer oder eine kleine Handfeder

Vorbereitung des Raumes:

Beginne damit, den Raum physisch zu reinigen. Räume Unordnung auf, staubsauge oder fege den Boden und entferne alles, was nicht in den Raum gehört.

Öffne Fenster und Türen, um frische Luft hereinzulassen und eine natürliche Luftzirkulation zu ermöglichen.

Durchführung der Zeremonie:

Setze oder stelle dich entspannt hin und atme einige Male tief ein und aus. Versuche, deinen Geist zu beruhigen und dich auf deine Absicht zu konzentrieren, den Raum zu reinigen und zu segnen.

Wenn du getrocknete Eukalyptusbündel verwendest, zünde ein Ende des Bündels an, lass es einige Sekunden brennen und puste die Flamme dann vorsichtig aus, sodass die Blätter zu rauchen beginnen. Falls du lose Blätter und Kohle benutzt, zünde die Kohle in deinem feuerfesten Gefäß an und warte, bis sie durchgeglüht ist. Lege dann die Eukalyptusblätter darauf, um den Rauch zu erzeugen.

Alternativ kannst du einige Tropfen Eukalyptusöl in einem Diffusor verwenden, um den Duft im Raum zu verteilen.

Beginne an der Tür und bewege dich im Uhrzeigersinn durch den Raum.

Schwenke das Gefäß mit dem rauchenden Eukalyptus oder trage den Diffusor, während du leise deine Absicht oder ein Reinigungsgebet wiederholst.

Verwende den Federfächer oder die Handfeder, um den Rauch sanft in alle Ecken des Raumes zu wehen. Achte besonders darauf, Ecken und dunkle Bereiche zu erreichen, da sich hier energetisch oft Stagnation bildet.

Kehre zur Eingangstür zurück und beende die Zeremonie mit einem Dankgebet oder einer anderen Form der Danksagung.

Erlaube dem Eukalyptus, weiter zu rauchen, bis er natürlich ausbrennt, oder lösche ihn vorsichtig aus.

Schließe die Fenster und Türen, um die Energie im Raum zu halten.

Du kannst auch eine kleine Schale mit Eukalyptusöl oder ein paar getrocknete Blätter im Raum stehen lassen, um die Energie aufrechtzuerhalten.

Diese Zeremonie kann helfen, eine Atmosphäre der Heilung und des Friedens zu schaffen, die deinen spirituellen Praktiken zugutekommt.

Fliegenpilz

Fliegenpilz

Der Fliegenpilz, oft als das "rote Ei" in den Tiefen der Wälder bezeichnet, steht im Zentrum vieler Mythen und ist ein wesentlicher Bestandteil **spiritueller Rituale** seit der Antike. Er wird nicht nur wegen seiner **halluzinogenen** Eigenschaften geschätzt, sondern auch als symbolträchtiges Element in zahlreichen Volksmärchen und Heldensagen. Es wird angenommen, dass dieser Pilz das älteste bekannte Halluzinogen ist, das Menschen verwendeten.

In eurasischen Kulturen nutzten Schamanen, Hexen und Heiler den Fliegenpilz zu rituellen Zwecken. Sie konsumierten getrocknete Pilze, tranken Extrakte oder mischten sie mit Rentiermilch und Pflanzensäfte. Diese Traditionen wurden meist mündlich über Generationen weitergegeben.

Auch in Nord- und Mittelamerika fand der Fliegenpilz bei den Ureinwohnern als spirituelles Halluzinogen Verwendung.

Der Fliegenpilz war möglicherweise auch ein wichtiger Bestandteil von **Hexensalben**, die in der Antike und im Mittelalter verwendet wurden. In vielen Kulturen glaubt man, dass der Fliegenpilz vor negativen Kräften schützt. Im antiken Glauben konnte er etwa vor Blitzschlägen schützen oder Vieh vor Krankheiten bewahren. Diese Schutzfunktion erweitert sich in der spirituellen Praxis oft auf den Schutz vor geistigen oder psychischen Angriffen. Legenden zufolge fanden Zwerge, so sagt man, unter den auffälligen Pilzen Schutz bei Regen, was die volkstümliche Darstellung von Zwergen mit roten Zipfelmützen inspiriert haben könnte.

Der Fliegenpilz wird in spirituellen Praktiken verwendet, um die **Wahrnehmung** zu **erweitern** und eine tiefere Verbindung zum Göttlichen herzustellen.

In sibirischen Schamanentraditionen gilt der Pilz als das materiell gewordene göttliche Fleisch, das es den Konsumenten ermöglicht in tiefere spirituelle Ebenen einzutauchen und mit der geistigen Welt zu verschmelzen. Diese rituelle Nutzung zielt darauf ab, **Ekstase** und visionäre Zustände zu erreichen, die für spirituelle **Erleuchtung** und heilige Kommunikation entscheidend sein können.

Eine besondere Praxis unter einigen indigenen Völkern Sibiriens ist das Trinken des Urins von Personen, die Fliegenpilz konsumiert haben. Diese Methode minimiert die toxischen Effekte des direkten Pilzkonsums und ermöglicht eine sicherere und intensivere spirituelle Erfahrung.

In einigen Traditionen werden getrocknete Fliegenpilzteile verwendet, um Räume zu reinigen und zu segnen. Dies geschieht oft in Vorbereitung auf spirituelle Zeremonien, um eine heilige Atmosphäre zu schaffen und die Teilnehmer auf tiefere Einsichten vorzubereiten.

Obwohl der Fliegenpilz faszinierende spirituelle und kulturelle Anwendungen hat, ist Vorsicht geboten. Die toxischen Eigenschaften des Pilzes können ernsthafte physische Reaktionen hervorrufen, einschließlich Magenkrämpfe, Halluzinationen und in seltenen Fällen schwerwiegendere gesundheitliche Probleme. Eine sichere Anwendung erfordert tiefgehendes Wissen über Dosierung und Verarbeitung.

Kurz und knapp:

Erweiterung des Bewusstseins: Der Fliegenpilz kann helfen, das Bewusstsein zu erweitern und tiefere Ebenen des Unterbewusstseins zu erreichen

Visionäre Erfahrungen: Traditionell verwenden Schamanen den Fliegenpilz, um visionäre Zustände zu induzieren, die es ermöglichen, mit der geistigen Welt zu kommunizieren und spirituelle Führung zu erhalten.

Schutzrituale: In einigen Kulturen wird der Fliegenpilz verwendet, um Personen, Orte oder Objekte zu schützen, indem er negative Energien vertreibt.

Rituelle Reinigung: Der Rauch von verbranntem Fliegenpilz kann für rituelle Reinigungen eingesetzt werden, um eine Umgebung von negativen Einflüssen zu befreien und für spirituelle Aktivitäten vorzubereiten.

Symbolische Bedeutung: Der Fliegenpilz wird oft als Symbol der Transformation und Wiedergeburt angesehen, ähnlich seiner eigenen Wachstumszyklen, die Tod und Neuanfang symbolisieren.

Konsummethoden

Direkter Verzehr

Traditionell werden getrocknete oder frische Fliegenpilze direkt verzehrt, was jedoch wegen der toxischen Bestandteile und der starken Wirkung sorgfältig dosiert werden muss und daher nicht zu empfehlen ist.

Extrakte und Tees

Durch Auskochen getrockneter Fliegenpilze in Wasser können Extrakte oder Tees hergestellt werden, die in verdünnter Form konsumiert werden, um die psychoaktiven und weniger toxischen Eigenschaften zu nutzen.

Urin von Konsumenten

In einigen traditionellen Praktiken wird der Urin von Personen, die Fliegenpilze verzehrt haben, getrunken, da die aktiven Substanzen teilweise unverändert ausgeschieden werden und so eine weniger toxische Form der Aufnahme ermöglichen.

Warnung: Ein sicherer Umgang erfordert genaue Kenntnisse über die Pilzsorte, die Zubereitung und die Dosierung. In vielen Ländern ist der Konsum von Fliegenpilz reguliert oder verboten. Sicherheitsvorkehrungen und lokale Gesetze sollten stets beachtet werden.

Rezept für Fliegenpilz-Tee

Zutaten:

1-2 kleine Fliegenpilzkappen, getrocknet (Achtung: Die Dosis ist schwer zu bestimmen und kann gefährlich sein)

1 Liter Wasser

Zubereitung:

Die getrockneten Fliegenpilzkappen sollten zuerst gründlich gereinigt werden, um Verunreinigungen zu entfernen. Da die Toxizität von Pilz zu Pilz stark variieren kann, ist äußerste Vorsicht geboten.

Bringe das Wasser in einem Topf zum Kochen.

Gib die sauberen, getrockneten Pilzstücke in das kochende Wasser. Lasse sie für etwa 30 Minuten bei niedriger Hitze köcheln. Das Kochen kann helfen, einige der toxischen Substanzen abzubauen, allerdings ist dies keine Garantie für Sicherheit.

Seihe den Tee durch ein feines Sieb, um alle Pilzreste zu entfernen.

Lasse den Tee vor dem Trinken abkühlen. Beginne mit einer sehr kleinen Menge, um die Wirkung zu testen.

Warnung und Vorsichtsmaßnahmen:

Der Konsum von Fliegenpilz, auch in Form von Tee, ist **riskant** und kann ernsthafte gesundheitliche Probleme verursachen, einschließlich **Vergiftungssymptome** wie Übelkeit, Erbrechen, Verwirrtheit, Halluzinationen und in schweren Fällen auch Krämpfe und Koma.

Personen ohne spezifisches ethnobotanisches Wissen sollten von der Verwendung von Fliegenpilz absehen.

In vielen Ländern ist der Konsum von Fliegenpilz gesetzlich reguliert oder verboten.

Aufgrund der Risiken und rechtlichen Einschränkungen wird davon abgeraten, Fliegenpilz zu konsumieren.

Platz für deine Notizen:

Guarana

Guarana

Guarana, oft als "Träne des Amazonas" bezeichnet, ist tief verwurzelt in den Legenden und spirituellen Überlieferungen der indigenen Völker Südamerikas. Diese bemerkenswerte Pflanze symbolisiert **Wachstum** und **Transformation** und steht im Zentrum einer tiefgründigen Schöpfungsgeschichte.

Laut einer Überlieferung eines indigenen Stammes entstand Guarana aus einer Tragödie. Die Pflanze soll aus den Tränen um einen jungen Knaben gesprossen sein - den Sohn einer kundigen Heilerin, die alle Geheimnisse der Pflanzenwelt kannte. Der Junge verlangte nach den Nüssen eines heiligen Baumes, die jedoch von seinen Onkeln, den Hütern dieses heiligen Ortes, bewacht wurden. Trotz des Verbots versuchte der Junge die Nüsse zu pflücken, was ihm letztlich das Leben kostete. Aus den Tränen der Mutter, die ihren Sohn tief betrauerte, spross die Guarana-Pflanze. Man sagt, dass das „echte Guarana“ dem rechten Auge entstammte und Lebenskraft und Erneuerung symbolisiert, während das „falsche Guarana“ aus den Tränen des linken Auges entstand und unbrauchbar ist.

Die Früchte des Guarana sind auffällig und erinnern an menschliche Augen, was die Geschichte unterstreicht und ihre Verbindung zu **Weisheit** und **Erkenntnis** herstellt.

Die roten Schalen öffnen sich bei Reife, um schwarze Samen in weißer Schale freizulegen, die einem wachsamen Auge ähneln. Dieses Bild stärkt ihren mythologischen Wert als **Wächterpflanze**, die geistige und körperliche Wachsamkeit fördert.

Guarana wird von den indigenen Völkern des Amazonas nicht nur als Tonikum geschätzt, sondern auch für ihre spirituelle Kraft verehrt. Sie wird in rituellen Praktiken verwendet, um die Verbindung zur geistigen Welt zu stärken und den Körper zu reinigen.

Die "Kinder des Guarana", ein Stamm, der sich aus der mythischen Geschichte ableitet, nutzen die Samen traditionell zur Herstellung eines energetisierenden Getränks, das bei langen Jagden und während spiritueller Zeremonien zur Steigerung der Ausdauer und Konzentration dient.

Guarana ist bekannt für ihre **stimulierende** Wirkung, ähnlich wie Kaffee, aber mit einem **anhaltenderen Effekt** und weniger Nebenwirkungen. Die Samen enthalten eine hohe Konzentration an Koffein, das die geistige Wachheit fördert und die körperliche Energie steigert.

In der Volksmedizin wird Guarana zur Fiebersenkung, zur Verbesserung der Herzgesundheit und als Verdauungshilfe eingesetzt. Darüber hinaus wird ihr eine **aphrodisierende** Wirkung zugeschrieben, die sie zu einem beliebten natürlichen Heilmittel für sexuelle Schwäche macht.

Die tiefgreifenden Verbindungen von Guarana mit der Erde, ihren Menschen und den spirituellen Praktiken, machen sie zu einer einzigartigen Pflanze, deren Wertschätzung weit über ihre physischen Eigenschaften hinausgeht.

Kurz und knapp:

Energie- und Leistungssteigerung: Guarana enthält eine hohe Konzentration an Koffein, die oft als natürlicher Energielieferant genutzt wird, um Müdigkeit zu bekämpfen und die Ausdauer zu erhöhen.

Kognitive Förderung: Die stimulierenden Eigenschaften des Koffeins in Guarana können die Konzentration verbessern und die mentale Klarheit schärfen.

Stoffwechselanregung: Guarana kann den Stoffwechsel beschleunigen, was zur Gewichtsreduktion beitragen kann, indem es die Fettverbrennung fördert.

Antioxidative Wirkung: Guarana ist reich an Antioxidantien, die dazu beitragen, den Körper vor freien Radikalen und oxidativem Stress zu schützen.

Verdauungsförderung: Traditionell wird Guarana verwendet, um die Verdauung zu unterstützen und Magen-Darm-Beschwerden zu lindern.

Stimmungsaufhellung und antidepressive Wirkung: Einige Studien legen nahe, dass Guarana stimmungsaufhellende Eigenschaften besitzen kann, die helfen, depressive Symptome zu lindern.

Konsummethoden

Teezubereitung:

Guarana-Pulver oder zerkleinerte Samen werden in heißem Wasser aufgelöst, um einen stimulierenden Tee zu brauen.

Nahrungsergänzungsmittel:

Guarana ist in Form von Kapseln, Tabletten oder Pulvern erhältlich, die als Nahrungsergänzungsmittel zur Energie- und Leistungssteigerung konsumiert werden.

Vaporisieren:

Obwohl nicht allgemein verbreitet, ist das Vaporisieren von Guarana eine direkte Möglichkeit, die Wirkstoffe über die Lunge aufzunehmen. Empfohlen wird eine Temperatur von 180-200°C.

Rezept für Guarana-Tee

Zutaten:

1 bis 2 Teelöffel Guarana-Pulver (je nach gewünschter Stärke)

250 ml kochendes Wasser

Honig oder ein anderes Süßungsmittel nach Geschmack (optional)

Zitronenscheibe oder Minzblätter zur Geschmacksverbesserung (optional)

Zubereitung:

Bringe das Wasser zum Kochen.

Gib das Guarana-Pulver in eine Teetasse.

Übergieße das Pulver mit dem kochenden Wasser.

Lasse den Tee etwa 10 Minuten ziehen. Guarana löst sich nicht vollständig auf, daher ist es normal, dass sich am Boden der Tasse ein Satz bildet.

Füge nach Belieben Honig, eine Zitronenscheibe oder Minzblätter hinzu, um den Geschmack des Tees zu verbessern.

Rühre den Tee gut um, bevor du ihn trinkst, um alle Aromen freizusetzen.

Trinke den Guarana-Tee etwa 30 Minuten vor einer Meditation oder einer anderen spirituellen Praxis, um die Wachheit und Konzentration zu erhöhen.

Der Tee kann auch während längerer spiritueller Sitzungen getrunken werden, um die Energie hoch und den Geist wach zu halten.

Hinweise:

Guarana enthält Koffein, das etwa doppelt so stark ist wie Kaffee. Menschen mit Koffeinempfindlichkeit sollten die Dosis entsprechend anpassen oder den Konsum vermeiden.

Es ist wichtig, den Konsum von Guarana-Tee im Laufe des Tages zu überwachen, um Überstimulation und mögliche Nebenwirkungen wie Herzklopfen, Schlaflosigkeit oder Nervosität zu vermeiden.

Platz für deine Notizen:

Ginseng

Ginseng

Ginseng, eine der ältesten und am meisten verehrten Pflanzen in der traditionellen asiatischen Medizin, findet seine Ursprünge in den bergigen Waldregionen Nordkoreas, Nordostchinas und Südostsibiriens. Diese Pflanze, die für ihre menschenähnliche Wurzel bekannt ist und daher in China als „Menschen-Ginsengwurzel" bezeichnet wird, symbolisiert Gesundheit und Langlebigkeit und war in der Antike so begehrt, dass sie oft wertvoller als Gold war.

Bereits im Jahr 40 vor Christus wurde Ginseng erstmals schriftlich erwähnt und war zu der Zeit exklusiv den asiatischen Königshäusern vorbehalten. Diese tiefe historische Verwurzelung spiegelt sich in der spirituellen und medizinischen Nutzung der Ginsengwurzel wider, die bis heute fortbesteht.

In der chinesischen Mythologie wird Ginseng oft als die **„Unsterbliche Wurzel"** betrachtet, die denjenigen, die sie verzehren, **langes Leben** und Gesundheit verleiht.

Einer Sage nach entdeckte ein alter Einsiedler im tiefen Wald einen Ginseng, der sehr alt und mächtig war und die Fähigkeit erlangt hatte, sich in menschlicher Gestalt zu zeigen. Der Ginseng konnte sprechen und lehrte den Einsiedler die Geheimnisse der Natur, der Heilkunst und der spirituellen Weisheit. Als Gegenleistung für sein Wissen bat der Ginseng den Einsiedler lediglich darum, seine Existenz geheim zu halten und ihn somit vor Jägern zu schützen, die auf der Suche nach der alten Wurzel waren, von der gesagt wurde, sie verleihe Unsterblichkeit.

Diese Geschichte symbolisiert die tiefe **Verehrung** und den **Respekt**, den die Menschen dem Ginseng entgegenbringen, und unterstreicht die Überzeugung, dass diese Pflanze übernatürliche Kräfte besitzt.

In Europa wurde Ginseng erst im 17. Jahrhundert bekannt, nachdem niederländische Seeleute die Pflanze nach Handelsreisen in Gebrauch brachten.

Noch heute wird der Ginseng in spirituellen Praktiken zur Förderung der **geistigen Klarheit** und zur **Vertiefung meditativer Zustände** verwendet. Die Wurzel wird als kraftvolles Werkzeug zur Erhöhung der Lebensenergie (Qi) und zur Harmonisierung des Körpergeistes angesehen. Ihr wird zugeschrieben, das Bewusstsein zu erweitern und den Zugang zu höheren spirituellen Ebenen zu erleichtern.

Ginseng hilft dem Körper, sich an Stress anzupassen und widerstandsfähiger gegenüber physischen und psychischen Belastungen zu werden. Forschungen haben gezeigt, dass Ginseng das Immunsystem stärken, Müdigkeit reduzieren und die geistige sowie körperliche Leistungsfähigkeit verbessern kann. Besonders hervorzuheben sind seine positiven Effekte auf das **Gedächtnis und das Lernvermögen.**

Kurz und knapp:

Energiesteigerung: Ginseng ist bekannt dafür, die körperliche Energie zu steigern und Müdigkeit zu bekämpfen.

Immunsystem-Stärkung: Die Wurzel kann das Immunsystem stärken, wodurch die Widerstandsfähigkeit gegenüber Krankheiten erhöht wird.

Kognitive Funktionen: Ginseng verbessert die kognitiven Funktionen, einschließlich Konzentration, Gedächtnis und geistige Leistungsfähigkeit.

Stressabbau: hilft den Körper an Stress anzupassen und Stresssymptome zu reduzieren.

Blutzuckerkontrolle: Einige Studien zeigen, dass Ginseng den Blutzuckerspiegel stabilisieren und die Insulinsensitivität verbessern kann, was besonders für Diabetiker vorteilhaft sein könnte.

Herzgesundheit: kann zur Verbesserung der Herzgesundheit beitragen, indem er die Regulation des Blutdrucks unterstützt und die Arterienfunktion verbessert.

Entzündungshemmung: Die entzündungshemmenden Eigenschaften des Ginseng können zur Linderung von Entzündungszuständen beitragen.

Sexuelle Funktion: wird gerne zur Verbesserung der sexuellen Funktion und zur Behandlung von erektiler Dysfunktion verwendet.

Stimmungsaufhellung: Der regelmäßige Konsum von Ginseng kann auch dazu beitragen, die Stimmung zu verbessern und Symptome von Depressionen zu lindern.

Konsummethoden

Teezubereitung:

Ginsengwurzel kann als Tee aufgebrüht werden, wobei die Wurzel in heißem Wasser eingeweicht wird, um ihre heilenden Eigenschaften freizusetzen.

Vaporisieren:

Obwohl weniger üblich, kann der Wirkstoff der Ginsengwurzel durch Vaporisieren aufgenommen werden. Die aktiven Bestandteile werden durch das Erhitzen freigesetzt und können direkt über die Lungen aufgenommen werden, was eine schnelle und effiziente Methode darstellt, um von den stimulierenden Effekten zu profitieren. Empfohlen wird eine Temperatur von 175 -200°C.

Nahrungsergänzungsmittel:

In Form von Kapseln oder Extrakten wird Ginseng weltweit als Nahrungsergänzungsmittel genutzt, um Energie zu steigern und das Immunsystem zu unterstützen.

Rezept für Ginseng-Tee

Zutaten:

2-3 Gramm getrocknete Ginsengwurzel (je nach gewünschter Stärke)

250 ml Wasser

Zubereitung:

Bringe das Wasser zum Kochen.

Schneide die getrocknete Ginsengwurzel in dünne Scheiben. Dies hilft, die aktiven Bestandteile besser ins Wasser zu übertragen.

Gib die Ginsengscheiben in das kochende Wasser und reduziere die Hitze. Lasse den Tee bei schwacher Hitze 10-15 Minuten köcheln.

Seihe den Tee durch ein feines Sieb, um alle Feststoffe zu entfernen.

Genieße den Tee warm. Optional kannst du Honig oder einen Spritzer Zitrone hinzufügen, um den Geschmack zu verbessern.

Für deine spirituelle Traumreise kann Ginsengtee vor der Meditationssitzung getrunken werden, um deine Konzentration zu fördern und dein geistiges Bewusstsein zu schärfen. Die beruhigenden und gleichzeitig belebenden Eigenschaften des Ginseng können helfen, den Zustand tieferer Meditation und Visionen zu erreichen.

Neben der Teezubereitung kannst du Ginseng auch als Räucherwerk verwenden. Das Verbrennen von Ginsengwurzel kann helfen, deinen

Raum zu reinigen und eine einladende, friedvolle Atmosphäre zu schaffen, die förderlich für deine spirituellen Praktiken ist.

Platz für deine Notizen:

Grüner Tee

Grüner Tee

Grüner Tee, ein Getränk, das tief in der chinesischen Kultur verwurzelt ist, genießt eine reiche Geschichte, die bis ins 6. Jahrhundert v. Chr. zurückreicht. Seine Ursprünge liegen in den üppigen Gebirgsregionen Südchinas, wo er ursprünglich von buddhistischen Mönchen kultiviert und von der Aristokratie geschätzt wurde.

Die Pflanze, aus der grüner Tee gewonnen wird, ist seit Jahrtausenden bekannt und wurde bereits von Kaiser Shennong, einer legendären Gestalt der chinesischen Mythologie, geschätzt. Laut Überlieferung entdeckte er die heilenden Eigenschaften des Tees, als zufällig ein Blatt in kochendes Wasser fiel und er die belebende Wirkung des Aufgusses bemerkte.

Grüner Tee wird oft mit s**piritueller Reinigung** und **Meditation** in Verbindung gebracht. In der Tang-Dynastie wurde er in Ziegel gepresst, zu Pulver gemahlen und dann aufgebrüht, eine Methode, die die Achtsamkeit und die rituelle Bedeutung des Teetrinkens betonte. Diese Tradition setzt sich in der japanischen Teezeremonie fort, die nicht nur ein Getränk, sondern ein Akt der **Meditation** und **spirituellen Reinigung** ist.

In chinesischen Überlieferungen wird grüner Tee als das erste Medikament angesehen, das später zum täglichen Getränk wurde.

Grüner Tee ist bekannt für seine **entgiftenden, erfrischenden** und **belebenden** Eigenschaften. Er enthält Koffein, das in seiner milderen Form als „Tein" bekannt ist und variiert je nach Teesorte stark. Diese anregenden Eigenschaften sind jedoch mit **beruhigenden** Elementen gepaart, was grünen Tee besonders in stressigen Situationen oder bei **Depressionen** hilfreich macht.

Moderne Forschungen in Japan und China haben viele der traditionellen Ansichten bestätigt und weiterführende gesundheitliche Vorteile aufgezeigt, wie die Förderung der **Herzgesundheit** und die Unterstützung bei der **Gewichtsregulierung**.

Die antioxidativen Eigenschaften des grünen Tees machen ihn zu einem mächtigen Verbündeten gegen verschiedene chronische Krankheiten.

Grüner Tee ist ein Symbol für **Langlebigkeit** und Gesundheit und wird weltweit sowohl in der täglichen Ernährung als auch in spirituellen Praktiken geschätzt.

Kurz und knapp:

Antioxidative Wirkung: Grüner Tee ist reich an Antioxidantien, die freie Radikale bekämpfen und vor Zellschäden schützen können.

Herzgesundheit: Regelmäßiger Konsum kann zur Senkung des Risikos für Herzkrankheiten beitragen, indem er den Cholesterinspiegel und den Blutdruck verbessert.

Gewichtsmanagement: Kann die Fettverbrennung fördern, was zur Gewichtsreduktion beitragen kann.

Kognitive Funktionen: Die in grünem Tee enthaltenen Substanzen können das Gehirn schützen und das Risiko für neurodegenerative Erkrankungen senken.

Krebsprävention: Einige Studien deuten darauf hin, dass die Inhaltsstoffe von grünem Tee das Wachstum bestimmter Krebszellen verlangsamen können.

Meditative Förderung: Traditionell wird grüner Tee in der japanischen Teezeremonie verwendet, die tiefe meditative Zustände fördert und zur spirituellen Reinigung dient.

Stressreduktion: Der Konsum von grünem Tee kann helfen, Stress und Angst zu reduzieren, was ihn zu einem idealen Getränk für spirituelle Praktiken macht.

Klärung des Geistes: Hilft, den Geist zu klären und die Konzentration zu verbessern, was die spirituelle Praxis und die tägliche Achtsamkeit unterstützt.

Konsummethoden

Teezubereitung:

Die klassische und häufigste Art, grünen Tee zu genießen, ist das Aufbrühen der getrockneten Blätter mit heißem Wasser.

Vaporisieren:

Eine Methode, um schnell die beruhigenden Effekte des Tees zu erleben, ohne die Lunge durch Rauch zu belasten. Es wird eine Temperatur von 170-185°C empfohlen.

Räuchern:

Grüner Tee kann auch in Räuchermischungen verwendet werden. Beim Verbrennen als Räucherwerk kann der aromatische Rauch zur Reinigung von Räumen und zur Schaffung einer entspannten, meditativen Atmosphäre beitragen. Gerne auch in Kombination mit weiterem Räucherwerk.

Rezept für Grünen Tee

Zutaten:

1-2 Teelöffel hochwertiger grüner Tee (z.B. Sencha, Gyokuro oder Matcha)

250 ml gefiltertes Wasser

Zubehör:

Teekanne

Teetasse

Wasserkocher (ideal mit Temperatureinstellung)

Teesieb (falls lose Blätter verwendet werden)

Bambusbesen (falls Matcha verwendet wird)

Zubereitung:

Erhitze das Wasser auf etwa 70-80°C. Die niedrigere Temperatur hilft, die feinen Aromen des grünen Tees ohne Bitterkeit zu extrahieren.

Wenn du losen Blatttee verwendest, gib den Tee in das Teesieb und dann in die Teekanne. Für Matcha, siebe das Matcha-Pulver in eine Matcha-Schale, um Klumpen zu vermeiden.

Gieße das heiße Wasser über den Tee. Lasse den Tee etwa 1-3 Minuten ziehen, je nach Teesorte und gewünschter Stärke.

Entferne das Teesieb oder gieße den Tee durch ein Sieb in eine andere Teekanne oder direkt in die Teetassen. Bei Matcha verwende einen Bambusbesen, um das Pulver im Wasser schaumig zu schlagen.

Durchführung einer Teezeremonie

Eine Teezeremonie ist mehr als nur das Trinken von Tee; es ist ein meditativer Akt der Achtsamkeit. Hier sind einige Schritte, um eine einfache Teezeremonie zu Hause durchzuführen:

Vorbereitung: Wähle einen ruhigen, sauberen Ort für die Teezeremonie. Alles, was du für die Zubereitung des Tees benötigst, sollte griffbereit sein. Die Atmosphäre sollte entspannend sein, vielleicht mit sanfter Musik oder natürlichen Klängen.

Reinigung: Reinige die Teekanne und Teetassen mit heißem Wasser. Dies symbolisiert nicht nur die physische Reinigung, sondern auch die geistige Vorbereitung auf die Zeremonie.

Zubereitung des Tees: Führe die oben beschriebenen Schritte durch, achte dabei auf jede Bewegung und jeden Schritt. Atme tief durch und konzentriere dich auf den Moment.

Tee trinken: Schenke den Tee in kleine Tassen. Nimm dir Zeit, um den Duft des Tees zu genießen, bevor du einen kleinen Schluck nimmst. Schätze die Aromen und die Wärme, die der Tee bietet.

Nachsinnen und Abschluss: Nachdem der Tee getrunken wurde, nimm dir einen Moment Zeit, um über die Erfahrung nachzudenken. Reinige deine Teekanne und Tassen, und bedanke dich bei dir selbst für diese Zeit der Ruhe.

Kleines Habichtskraut

Kleines Habichtskraut

Das Kleine Habichtskraut ist eine Pflanze voller Geheimnisse und Potenziale. Obwohl es weit verbreitet ist, bleibt seine **psychoaktive** Wirkung vielen unbekannt. Dieses Kraut verbindet die traditionelle Medizin mit spirituellen Praktiken und bietet eine natürliche Alternative für diejenigen, die die Welt des Bewusstseins und der Selbstheilung erforschen möchten.

Auch als Mausohr-Habichtskraut oder Langhaariges Habichtskraut bekannt, gehört es zur Gattung der Habichtskräuter in der Familie der Korbblütler. Diese Pflanzenart, die über ganz Europa, den Kaukasusraum bis hin nach Westsibirien verbreitet ist, teilt mit dem Löwenzahn ähnliche optische Merkmale.

Das Kleine Habichtskraut blüht von Mai bis Oktober und trägt von Juli bis September Früchte. Es gedeiht vorzugsweise auf trockenen Wiesen, Waldlichtungen, Heideflächen sowie an Hängen und Feldrainen. Diese robuste Pflanze passt sich verschiedenen Umgebungen an und ist oft in der heimischen Flora anzutreffen.

In der Volksmedizin wird das Kleine Habichtskraut zum entwässern genutzt, wobei aus seinen Bestandteilen ein Aufguss hergestellt wird, der **harntreibende** und **ausschwemmende** Eigenschaften besitzt. Darüber hinaus ist bekannt, dass die Pflanze **mild psychoaktive Effekte** hat, die manche mit denen von Cannabis vergleichen. Schon ab einem Gramm, das geraucht wird, soll das Kraut **stimmungsaufhellend** und **euphorisierend** wirken und den Konsumenten in einen **traumähnlichen** Zustand versetzen.

Die Pflanze **klärt** den **Geist**, wirkt zugleich **belebend** und **beruhigend**, reguliert Emotionen und **fördert** die **Konzentration**. Diese besonderen Eigenschaften machen das Kleine Habichtskraut zu einem beliebten, legalen Ersatz für Marihuana. In Deutschland fällt diese Pflanze nicht unter das Betäubungsmittelgesetz (BtMG).

Historisch gesehen wurde das Habichtskraut im Mittelalter als **Schutz** gegen Geister und böse Dämonen getragen. Ein Sud aus der Pflanze wurde geschätzt, um das Augenlicht zu bewahren und den Sehnerv zu stärken, was ihm eine wichtige Rolle in der mittelalterlichen Heilkunst verlieh.

In der spirituellen Praxis wird das Kleine Habichtskraut wegen seiner klärenden und **bewusstseinserweiternden** Eigenschaften geschätzt. Es unterstützt **meditative** und **rituelle** Aktivitäten, indem es hilft, den Geist zu beruhigen und die mentale Präsenz zu stärken. In der Volksüberlieferung heißt es, dass das Kraut die Verbindung zwischen dem physischen und dem spirituellen Sein fördert, was es zu einem wertvollen Werkzeug für diejenigen macht, die auf der Suche nach tieferer Einsicht und Erleuchtung sind.

Kurz und knapp:

Bewusstseinserweiterung: Unterstützt meditative Zustände und hilft, tiefer in die spirituelle Praxis einzutauchen.

Klärung des Geistes: Fördert Klarheit und hilft, die Konzentration zu verbessern, was besonders in meditativen und rituellen Kontexten nützlich ist.

Emotionale Balance: Wirkt stimmungsaufhellend und euphorisierend, hilft, Emotionen zu regulieren und fördert ein Gefühl des Wohlbefindens.

Geistige Entspannung: Induziert einen ruhigen, fast traumartigen Zustand, der das Loslassen von Stress und die geistige Erholung ermöglicht.

Schutz gegen negative Energien: Wurde historisch als Schutzmittel gegen böse Geister und Dämonen verwendet.

Konsummethoden

Rauchen:

Getrocknete Blätter und Blüten können in einer Pfeife oder als Zigarette geraucht werden. Schneller Eintritt der psychoaktiven Effekte, stimmungsaufhellend und beruhigend.

Vaporisieren:

Zerkleinere die getrocknete Pflanzenteile und erhitzte sie dann in deinem Vaporizer. Die Wirkstoffe werden effizient extrahiert, was eine klare und saubere Wirkung ermöglicht.

Empfohlen wird eine Temperatur von 180-210°C.

Teezubereitung:

1-2 Teelöffel getrocknetes Kleines Habichtskraut pro Tasse.

Überbrühe die getrockneten Kräuter mit heißem Wasser und lasse sie etwa 10 Minuten ziehen.

Trinke den Tee langsam, um die beruhigenden und entspannenden Eigenschaften voll auszuschöpfen. Ideal für eine abendliche Entspannungsroutine, vor deiner Traumreise oder vor einer spirituellen Sitzung.

Das Kleine Habichtskraut lässt sich gut mit anderen Kräutern kombinieren, die ähnliche beruhigende und klärende Eigenschaften besitzen.

Hier sind einige Kräuter, die sich für eine effektive Räuchermischung eignen:

Salbei: Bekannt für seine reinigenden und schützenden Eigenschaften. Salbei eignet sich hervorragend zum Räuchern und wird oft verwendet, um negative Energien zu vertreiben.

Lavendel: Fügt einen angenehmen Duft hinzu und wirkt beruhigend und entspannend.

Beifuß: Wird traditionell in Räucherzeremonien verwendet, um spirituelle Visionen und Träume zu fördern.

Zeder: Bietet einen angenehmen holzigen Duft und wird oft für Schutzräucherungen verwendet.

Rosmarin: Fördert Klarheit und geistige Wachheit, ideal für Meditationen und spirituelle Praktiken.

Räucherzeremonie mit Habichtskraut-Räuchermischung

Materialien:

Räucherkohle oder eine Räucherschale

Räucherstäbchenhalter oder feuerfeste Schale

Kleines Habichtskraut, kombiniert mit oben genannten Kräutern

Mische gleiche Teile von getrocknetem kleinen Habichtskraut, Salbei, Lavendel, Beifuß, Zeder und Rosmarin. Zerkleinere die Kräuter leicht, um die ätherischen Öle freizusetzen.

Durchführung der Zeremonie:

Sorge dafür, dass der Raum, in dem die Zeremonie stattfindet, sauber und aufgeräumt ist. Dies hilft, die Energie im Raum zu klären.

Zünde die Räucherkohle an und platziere sie sicher in der Räucherschale. Gib eine kleine Menge der Kräutermischung auf die glühende Kohle.

Während der Rauch aufsteigt, gehe langsam durch den Raum und verteile den Rauch vorsichtig in alle Ecken. Während du dies tust, konzentriere dich auf deine Absicht – sei es Reinigung, Schutz oder spirituelles Erwachen.

Setze dich nach dem Durchräuchern des Raumes hin, schließe die Augen, atme tief ein und meditiere über deine Absicht.

Spüre, wie der aromatische Rauch den Raum und dein Inneres mit positiver Energie füllt.

Nachdem du deine Meditation beendet hast, danke den Pflanzenspiriten für ihre Unterstützung. Lass die Kohle und Kräuter sicher ausbrennen und entsorge die Reste respektvoll.

Effekt des Räucherns mit Habichtskraut:

Das Räuchern mit Habichtskraut und den kombinierten Kräutern kann dazu beitragen, den Raum energetisch zu reinigen, die Atmosphäre zu klären und ein Gefühl der Ruhe und des Friedens zu schaffen. Es fördert spirituelle Wachheit und Klarheit, unterstützt tiefe Meditation und kann helfen, negative oder stagnierende Energien aufzulösen.

Platz für deine Notizen:

Himbeerblätter

Himbeerblätter

Das Himbeerblatt, oft als stilles Juwel der Kräutermedizin bezeichnet, ist ein wichtiger Bestandteil der traditionellen Heilkunde und wird zunehmend in der spirituellen Praxis geschätzt. Die Blätter der Himbeerpflanze haben eine lange Tradition, nicht nur als Heilkraut in der westlichen Kräuterkunde, sondern auch als ein Kraut, das tiefe spirituelle Eigenschaften besitzt.

Die Himbeere, ein Mitglied der Familie der Rosengewächse, ist vor allem für ihre süßen, roten Früchte bekannt, doch ihre Blätter sind ebenso wertvoll.

Sie wachsen wild und kultiviert in vielen Teilen Europas und Nordamerikas, bevorzugt in gemäßigten Regionen. Die Blätter sind reich an Nährstoffen und enthalten hohe Mengen an Magnesium, Kalium, Eisen und B-Vitaminen.

Traditionell wurden Himbeerblätter zur Behandlung verschiedener Beschwerden verwendet, darunter **Magen-Darm-Störungen**, entzündliche Erkrankungen und insbesondere zur Unterstützung während der **Schwangerschaft** zur Erleichterung der **Geburt**. Auch Frauen, die nicht schwanger sind, aber es gerne wären, setzen oftmals auf Himbeerblättertee. Kinderwunsch-Patientinnen trinken den Tee in der ersten Zyklushälfte (vom 1. Tag der Regelblutung bis zum Eisprung). Die enthaltenen pflanzlichen Östrogene sollen den Aufbau der Gebärmutterschleimhaut unterstützen.

Außerdem sollen Himbeeren gegen Krebs wirksam sein.

Die Himbeerblätter werden auch hier als Tee aufgebrüht

In der Volksgeschichte wird oft erwähnt, dass Himbeerblätter die Weisheit des Waldes in sich tragen und diejenigen, die sie nutzen, mit tiefem **Wissen** und **Verständnis** der **Natur** verbinden können. In manchen Kulturen gelten sie als Symbole für **Güte** und **Schutz**, besonders für Frauen und Kinder.

Im spirituellen Kontext werden sie zur **Reinigung** und zum **Schutz** eingesetzt. Himbeerblätter sind bekannt dafür, sanfte, aber kraftvolle Energie auszustrahlen, die hilft, das Haus von **negativen Energien** zu **befreien** und **Harmonie** zu fördern. Ihre sanfte Wirkung macht sie zu einem idealen Bestandteil für Räuchermischungen, die während Meditationen, Traumerfahrungen oder heiligen Zeremonien verwendet werden.

Sie können aufgrund ihrer beruhigenden und entspannenden Eigenschaften indirekt zur Förderung eines erholsamen Schlafs beitragen, was wiederum die Qualität und die Erinnerung an Träume verbessern kann.

Kurz und knapp:

Schutz: Das Räuchern von getrockneten Himbeerblättern kann einen schützenden Schild um einen Raum oder eine Person bilden.

Reinigung: Sie können zur energetischen Reinigung von Räumen verwendet werden, indem man ihre Blätter verbrennt, um negative Energie zu vertreiben und spirituelle Reinheit zu fördern.

Förderung der Fruchtbarkeit: Spirituell werden sie oft in Ritualen verwendet, die Fruchtbarkeit und weibliche Gesundheit unterstützen.

Konsummethoden

Teezubereitung:

Himbeerblätter werden getrocknet und zu Tee aufgebrüht. Dies ist die häufigste Art der Verwendung.

Beruhigend und tonisierend, unterstützt die Verdauung und kann bei Frauenleiden hilfreich sein.

Rauchen:

Getrocknete Himbeerblätter können alleine oder als Teil einer Kräutermischung geraucht werden.

Bietet eine leichte Entspannung und kann als Tabakersatz in Rauchmischungen verwendet werden, um den Nikotinkonsum zu reduzieren.

Vaporisieren:

Empfohlen wird eine Temperatur von 180-200°C.

Das Vaporisieren von Himbeerblättern setzt die aktiven Inhaltsstoffe frei, ohne die schädlichen Nebenprodukte der Verbrennung, wie sie beim Rauchen entstehen.

Kann eine mild beruhigende Wirkung haben und hilft, die Atemwege zu beruhigen.

Räuchern:

Himbeerblätter können auch als Teil einer Räuchermischung verwendet werden, besonders in Kombination mit anderen Harzen und Kräutern.

Das Räuchern von Himbeerblättern wird oft für rituelle Reinigungen verwendet oder um eine entspannende Atmosphäre zu schaffen.

Rezept für Himbeerblätter-Tee

Zutaten:

1-2 Teelöffel getrocknete Himbeerblätter

1 Tasse kochendes Wasser

Zubereitung:

Gib die getrockneten Himbeerblätter in ein Teesieb oder eine Teekanne.

Übergieße die Himbeerblätter mit kochendem Wasser.

Lasse den Tee etwa 10-15 Minuten ziehen. Je länger der Tee zieht, desto stärker werden die freigesetzten Wirkstoffe.

Seihe die Blätter ab und servieren den Tee. Optional können Honig oder einen Spritzer Zitrone hinzufügen, um den Geschmack zu verfeinern.

Ingwer

Ingwer

Ingwer ist mehr als nur eine kulinarische Zutat; er ist eine Pflanze mit tief verwurzelter historischer und spiritueller Bedeutung.

Die Wurzel, die oft als Ingber, Imber oder Immerwurzel bezeichnet wird, spielt seit Jahrtausenden eine zentrale Rolle in der traditionellen Medizin Asiens. Sie erreicht eine Höhe von 50 bis 150 Zentimetern und gedeiht vor allem in den Tropen und Subtropen, mit bedeutenden Anbaugebieten in Indien, China, Nepal und Japan, sowie in Teilen Südamerikas.

Die Verbreitung des Ingwers nach Europa wird oft mit Alexander dem Großen in Verbindung gebracht, der die Pflanze von seinen Feldzügen aus Asien mitbrachte. Die Römer übernahmen Ingwer wegen seiner gesundheitsfördernden Eigenschaften und führten ihn auf ihren Militärzügen mit.

Im Mittelalter nutzten vor allem Mönche Ingwer zur Behandlung verschiedener Beschwerden und als **Schutz** gegen die **Pest**, trotz der Bedenken von Hildegard von Bingen bezüglich seiner **aphrodisierenden** Wirkungen.

In spiritueller Hinsicht hat Ingwer eine ebenso reiche Geschichte. Er wird in vielen Kulturen als Symbol für Feuer und Stärke gesehen, oft verwendet in Ritualen zur **Reinigung** und zur Förderung der **geistigen Klarheit**. Sein scharfer Geschmack und seine **Wärme** werden als metaphorisch für das Durchdringen negativer Energien und das Fördern positiver Veränderungen angesehen. In einigen asiatischen Traditionen wird Ingwer in Zeremonien eingesetzt, um **Schutz** zu gewähren.

Die heilenden Eigenschaften des Ingwers sind vielfältig.

Seine ätherischen Öle, Harzsäuren und das neutrale Harz verleihen ihm **antioxidative** und **entzündungshemmende** Wirkungen. Diese Substanzen stimulieren die Produktion von Magensaft, Speichel und Galle und unterstützen die Darmfunktion. In der traditionellen Medizin wird er zur Linderung von **Rheuma**, Muskelschmerzen und **Erkältungskrankheiten** eingesetzt, und seine Fähigkeit, das Immunsystem zu stärken und die geistige Leistungsfähigkeit zu unterstützen, ist wissenschaftlich dokumentiert.

Die mystische Komponente des Ingwers manifestiert sich in seiner Fähigkeit, sowohl physische als auch spirituelle **Vitalität** zu fördern. Er wird oft in meditativen Praktiken verwendet, um die Konzentration zu verbessern und die **geistige Klarheit** zu fördern, was ihn zu einem wertvollen Werkzeug für spirituelle Suchende macht. In modernen spirituellen Gemeinschaften wird Ingwer als kraftvolles Werkzeug zur **Energieerhöhung** und zur Förderung des persönlichen Wachstums geschätzt.

Kurz und knapp:

Entzündungshemmend: Ingwer enthält Gingerole, die helfen, Entzündungen zu reduzieren und sind besonders wirksam bei rheumatischen und muskulären Schmerzen.

Verdauungsfördernd: Fördert die Produktion von Magensaft und kann bei Übelkeit, einschließlich Reisekrankheit und morgendlicher Übelkeit, helfen.

Antioxidativ: Schützt den Körper vor Schäden durch freie Radikale.

Immunsystem-Stärkung: Unterstützt das Immunsystem durch seine antibakteriellen und antiviralen Eigenschaften.

Blutzuckerregulierung: Kann helfen, den Blutzuckerspiegel zu regulieren, was besonders für Diabetiker vorteilhaft ist.

Energetisierend: Ingwer wird oft in spirituellen Praktiken verwendet, um körperliche und geistige Energie zu erhöhen.

In vielen Kulturen wird Ingwer verwendet, um negative Energie abzuwehren und physischen und spirituellen Schutz zu bieten.

Ingwer kann helfen, den Geist zu klären und die Konzentration zu verbessern, was bei Meditation und spirituellen Praktiken nützlich ist.

Konsummethoden

Teezubereitung:

Frischer oder getrockneter Ingwer wird in heißem Wasser aufgebrüht und kann mit Honig oder Zitrone für zusätzlichen Geschmack verfeinert werden.

Vaporisieren:

Du kannst getrockneten Ingwer bei einer empfohlenen Temperatur von etwa 175-200°C vaporisieren. Das Inhalieren der Dämpfe kann helfen, die Sinne zu schärfen und den Geist auf eine bewusste Traumerfahrung vorzubereiten. Die Verwendung eines Vaporizers ist besonders vorteilhaft, da sie eine schnelle Aufnahme der Wirkstoffe ermöglicht, ohne die schädlichen Nebenprodukte der Verbrennung.

Rauchen:

Ingwer kann in getrockneter Form zu Rauchmischungen hinzugefügt werden, um von seinen entspannenden und mild stimulierenden Effekten zu profitieren.

Räucherungen:

Ingwer kann auch in getrockneter Form verbrannt werden, um Räume zu reinigen und um eine energetisch positive Atmosphäre für spirituelle Praktiken zu schaffen.

Aromatherapie mit Ingweröl

Die Verwendung von ätherischem Ingweröl in einem Diffuser während der Nacht kann ebenfalls eine stimulierende Atmosphäre schaffen, die das Bewusstsein im Traum fördern kann. Das Einatmen des Aromas vor dem Schlafengehen kann helfen, die mentale Klarheit zu verbessern und die Erinnerungsfähigkeit an Träume zu stärken.

Rezept für Ingwer-Baldrian-Tee

Zutaten:

1-2 cm frischer Ingwer, geschält und fein gehackt

1 Teelöffel getrocknete Baldrianwurzel

250 ml Wasser

Honig oder ein anderer Süßstoff nach Geschmack (optional)

Zubereitung:

Erhitze das Wasser in einem kleinen Topf zum Kochen.

Füge den gehackten Ingwer und die Baldrianwurzel hinzu. Reduziere die Hitze und lasse die Zutaten für etwa 10 Minuten sanft köcheln. Dies ermöglicht es den aktiven Bestandteilen der Kräuter, sich vollständig im Wasser zu entfalten.

Nehme den Topf vom Herd und lasse den Tee für weitere 10 Minuten abgedeckt ziehen.

Seihe den Tee durch ein feines Sieb, um die Kräuterreste zu entfernen.

Füge nach Belieben Honig oder einen anderen Süßstoff hinzu, um die Schärfe des Ingwers auszugleichen.

Trinke den Tee etwa 30-60 Minuten vor dem Schlafengehen, um die besten Ergebnisse zu erzielen.

Ingwer: Fördert die geistige Wachheit und bereitet den Geist auf aktives Engagement in Träumen vor.

Baldrian: Hilft, den Körper zu entspannen und fördert einen tiefen und ununterbrochenen Schlaf, was essentiell ist, um die Phase des REM-Schlafs zu erreichen, in der luzid Träumen am häufigsten auftritt.

Dieser Tee kann eine wunderbare nächtliche Routine einleiten und dabei helfen, sowohl den Geist als auch den Körper auf eine bewusste Traumerfahrung vorzubereiten.

Platz für deine Notizen:

Johanniskraut

Johanniskraut

Johanniskraut, auch volkstümlich als Herrgottsblut bekannt, ist tief verwurzelt in der europäischen Folklore und Medizingeschichte. Diese Pflanze, die um den Johannistag am 24. Juni in voller Blüte steht, symbolisiert **Licht** und **Sonne**, was auf ihre historische Bedeutung als **Schutz- und Heilpflanze** hinweist.

Die Pflanze erreicht eine Höhe von etwa 15 bis 100 Zentimetern und blüht mit leuchtend gelben Blüten, die oft als das irdische Abbild der Sonne angesehen werden. Diese Verbindung zum Licht und zur Sonne findet sich in vielen alten Traditionen wieder, insbesondere zur **Sommersonnwende**, die als die „Hochzeit der Sonne mit der Erde" gefeiert wird.

In der Antike wurde Johanniskraut verwendet, um böse Geister zu vertreiben und als **Schutz** gegen Hexen und Unwetter.

Einer Legende nach soll Johanniskraut sogar die Fähigkeit besitzen, den **Teufel** selbst zu **vertreiben,** was ihm den Beinamen „Teufelsflucht" eingebracht hat. Diese Eigenschaft wird auch durch die sogenannten „Nadelstiche" auf den Blättern symbolisiert, die man sehen kann, wenn man sie gegen das Licht hält und die der Legende nach vom Teufel selbst stammen, der das Kraut in seiner Wut durchstach.

Auf praktischer Ebene wird Johanniskraut vor allem wegen seiner **antidepressiven** und **beruhigenden** Eigenschaften geschätzt. Es ist bekannt dafür, Stimmungstiefs zu lindern und das allgemeine **Wohlbefinden** zu fördern, indem es Sommer, Sonne und Licht in seinen

Blüten speichert, wie es der berühmte Arzt und Pfarrer Kneipp einmal beschrieb.

Das Kraut wird traditionell als Tee zubereitet, kann aber auch vaporisiert werden, wobei eine empfohlene Temperatur von 100-160°C für die effektivste Freisetzung seiner aktiven Inhaltsstoffe sorgt.

Johanniskraut enthält eine Vielzahl von bioaktiven Substanzen, einschließlich Flavonoide und Gerbstoffe, die es zu einem starken Antioxidans machen. Diese Inhaltsstoffe tragen zur **antibakteriellen**, **wundheilenden** und **antiviralen** Wirkung der Pflanze bei. Durch seine vielseitigen Heilkräfte und die tiefe kulturelle Bedeutung ist das Johanniskraut ein faszinierender Bestandteil sowohl der traditionellen Medizin als auch spiritueller Praktiken, die darauf abzielen, **Licht** und **Heilung** in das Leben der Menschen zu bringen.

Kurz und knapp:

Antidepressiv: Wirkt stimmungsaufhellend und kann bei der Behandlung von leichten bis mittelschweren Depressionen helfen.

Antientzündlich: Enthält entzündungshemmende Substanzen, die bei Hautproblemen, leichten Wunden und Muskelentzündungen unterstützend wirken können.

Fördert die Wundheilung: Aufgrund seiner gerbstoffreichen Zusammensetzung kann es zur schnelleren Heilung von Wunden beitragen.

Beruhigend: Kann bei Angstzuständen und Nervosität beruhigend wirken.

Lichtbringer: Symbolisiert Licht und Reinheit, wird traditionell zur Abwehr von negativen Energien und zur spirituellen Reinigung eingesetzt.

Schutz: Historisch als Schutzmittel gegen böse Geister, Hexen und negative Einflüsse genutzt.

Kann helfen, mentale Klarheit zu fördern und ist beliebt in Meditation und anderen spirituellen Praktiken.

Konsummethoden

Teezubereitung:

Johanniskraut wird oft als Tee getrunken, um seine beruhigenden und heilenden Eigenschaften zu nutzen. Für die Zubereitung werden getrocknete Blätter und Blüten mit heißem Wasser übergossen und etwa 10 Minuten ziehen gelassen.

Räuchern:

Das Kraut kann getrocknet und als Teil von Räuchermischungen verwendet werden, um Räume zu reinigen oder während spiritueller Zeremonien zur Schaffung einer heiligen Atmosphäre.

Vaporisieren:

Johanniskraut kann in einem Vaporizer verwendet werden, um seine Wirkstoffe ohne die Verbrennungsprodukte des Rauchens freizusetzen. Die empfohlene Temperatur liegt zwischen 100-160°C, um die aktiven Substanzen effektiv zu verdampfen.

Rezept für Johanniskraut-Baldrian-Tee

Zutaten:

1 Teelöffel getrocknetes Johanniskraut

1 Teelöffel getrockneter Baldrianwurzel

250 ml kochendes Wasser

Zubereitung:

Mische das Johanniskraut und die Baldrianwurzel in einem Teesieb oder einer Teekanne.

Übergieße die Kräuter mit kochendem Wasser.

Lasse den Tee etwa 10 Minuten ziehen.

Siebe die Kräuter ab und genieße den Tee etwa 30 Minuten vor dem Schlafengehen.

Dieser Tee kann dabei helfen, das Nervensystem zu beruhigen und den Geist zu entspannen, was das Erreichen von luziden Träumen unterstützen kann. Baldrian ist bekannt für seine schlaffördernden Eigenschaften, während Johanniskraut die allgemeine Stimmung verbessern und mentale Klarheit fördern kann.

Platz für deine Notizen:

Kanna

Kanna

Kanna, bekannt unter vielen Namen wie Kougoed oder einfach Kaugut, gehört zur Familie der Mittagsblumengewächse und ist tief verwurzelt in den kulturellen Praktiken Südafrikas, insbesondere der Khoikhoi. Ursprünglich für seine **psychoaktiven** Eigenschaften geschätzt, wurde Kanna traditionell zur Steigerung der **Ausdauer** und zur **Stimmungshebung** verwendet, indem die fermentierten und getrockneten oberirdischen Pflanzenteile geschnupft, gekaut oder in Rauchmischungen verwendet wurden.

Die Anwendung von Kanna ist eng mit rituellen und spirituellen Praktiken verbunden. Es wurde angenommen, dass die Pflanze in der Lage ist, physische und mentale **Belastungen** während langwieriger Jagd- oder Kriegszüge **zu lindern**, indem sie **Durst** und **Hunger unterdrückt** und gleichzeitig die Stimmung hebt. Die Verwendung von Kanna bei der Rückkehr von Jägern und Kriegern bei Feiern unterstreicht seine Rolle in der sozialen und rituellen Sphäre der Khoikhoi.

Historisch gesehen wurden die Effekte des Kannas auch in Kombination mit Cannabis genutzt, was die psychoaktive Wirkung verstärkt und zu tiefgreifenden Bewusstseinszuständen führen kann.

Moderne Anwendungen von Kanna umfassen die Behandlung von **Bauchschmerzen**, zur Beruhigung bei Kindern sowie als Mittel gegen **Ängste** und **Depressionen**. Seine Anwendung wird oft als beruhigend beschrieben, kann aber in höheren Dosen auch zu einer **Euphorie** führen.

Kanna wird traditionell in spirituellen Zeremonien verwendet, um eine **Verbindung** mit den transzendenten Aspekten des Lebens herzustellen.

Es fördert eine tiefgreifende meditative Ruhe und kann dabei helfen, Angst und Stress abzubauen.

Die Pflanze **verstärkt** das **Gefühl** der **Empathie** und die emotionale Wahrnehmung, was sie zu einem wichtigen Bestandteil spiritueller Praktiken macht.

Die Legende besagt, dass die Pflanze aus den Gebeinen eines heiligen Tieres oder einer verehrten Person wuchs, was ihr eine besondere mystische Bedeutung in den Kulturen verleiht, die sie verwenden. Diese Geschichten unterstreichen die tiefgründige Beziehung zwischen Kanna und den spirituellen Überzeugungen der Menschen, die sie kultivieren und nutzen.

In der modernen Anwendung wird Kanna oft geräuchert oder in einem Vaporizer verwendet, wobei Temperaturen zwischen 150-180°C empfohlen werden, um ihre entspannenden und euphorisierenden Eigenschaften zu maximieren.

Kurz und knapp:

Antidepressive Wirkung: Kann bei der Behandlung von Depressionen und stimmungsbedingten Störungen helfen.

Stressreduktion: Beruhigt und entspannt den Geist, ideal für Stressabbau.

Schmerzlinderung: Hat Eigenschaften, die bei der Schmerzbehandlung helfen können.

Appetitzügler: Traditionell genutzt, um Hunger und Durst bei langen Wanderungen oder Jagden zu unterdrücken.

Bewusstseinserweiterung: Kann zu erhöhtem geistigen Bewusstsein und Einsicht führen.

Emotionale Entlastung: Fördert die Freisetzung und Verarbeitung emotionaler Blockaden.

Verstärkung der Empathie: Kann helfen, tiefere emotionale Verbindungen und Empathie zu fördern.

Meditative Zustände: Unterstützt tiefere meditative und entspannte Zustände.

Rituelle Verwendung: Oft in spirituellen und rituellen Praktiken verwendet, um eine Verbindung mit dem Göttlichen herzustellen.

Konsummethoden

Teezubereitung:

Getrocknete Kanna-Blätter können zu einem Tee aufgebrüht werden, der beruhigende Eigenschaften hat.

Vaporisieren:

Kanna kann bei einer empfohlenen Temperatur von 150-180°C vaporisiert werden, um eine schnellere und intensivere Wirkung zu erzielen. Kanna fein mahlen und in den Vaporizer geben.

Etwa 30 Minuten vor dem Schlafengehen vaporisieren.

Tief inhalieren und den Dampf einige Sekunden in der Lunge halten, um die Wirkstoffe vollständig aufzunehmen.

Räuchern: Die Blätter und Stängel von Kanna können auch getrocknet und als Teil von Räuchermischungen verwendet werden, um eine entspannende Atmosphäre zu schaffen und spirituelle Sitzungen zu unterstützen.

Schnupfen oder Kauen: Traditionell wurde Kanna fermentiert und dann geschnupft oder gekaut, um seine psychoaktiven und stimulierenden Effekte zu nutzen.

Rezept für Kanna - Kamillentee

Zutaten:

1 Teelöffel getrocknetes Kanna

1 Teelöffel getrocknete Kamillenblüten

250 ml Wasser

Optional: Honig oder ein anderer natürlicher Süßstoff zur Geschmacksverbesserung

Zubereitung:

Erhitze das Wasser in einem kleinen Topf oder Wasserkocher bis zum Siedepunkt.

Gib Kanna und Kamille in einen Teesieb oder direkt in das kochende Wasser. Kamille wird hinzugefügt, da sie beruhigende Eigenschaften hat, die helfen können, den Geist zu entspannen und in einen Zustand zu versetzen, der förderlich für luzides Träumen ist.

Lasse den Tee 10 Minuten lang ziehen. Diese Ziehzeit erlaubt es den aktiven Bestandteilen der Kräuter, sich vollständig im Wasser zu entfalten.

Gieße den Tee durch ein feines Sieb in eine Tasse, um die Kräuterreste zu entfernen.

Falls gewünscht, füge Honig oder einen anderen Süßstoff hinzu, um den Geschmack zu verbessern.

Trinke den Tee etwa eine Stunde vor dem Schlafengehen. Die Kombination aus Kanna und Kamille sollte eine beruhigende Wirkung haben, die hilft, den Geist zu entspannen und die Bewusstseinsebene für luzides Träumen vorzubereiten.

Hinweise:

Dosierung beachten: Beginne immer mit einer niedrigen Dosierung, besonders wenn du Kanna zum ersten Mal verwendest, um zu sehen, wie dein Körper darauf reagiert.

Platz für deine Notizen:

Katzenkralle

Katzenkralle

Die Katzenkralle ist eine beeindruckende Kletterpflanze, die ursprünglich aus den tropischen Regenwäldern Zentral- und Südamerikas stammt. Diese Liane findet sich von Panama über die Amazonasregionen Brasiliens bis hin zu den Anden Perus und Boliviens und ist für ihre vielseitigen therapeutischen Anwendungen geschätzt.

Die Pflanze wird traditionell von den Ureinwohnern Südamerikas genutzt, die ihre Wurzeln und Rinden zur Behandlung einer Vielzahl von Beschwerden verwenden.

Historisch gesehen dient die Katzenkralle als natürliches Heilmittel gegen **virale Infektionen**, darunter **Herpes** und **HIV**, sowie gegen **degenerative Krankheiten** wie **Alzheimer**. Zusätzlich wird sie bei entzündlichen Erkrankungen wie **Rheuma**, **Arthritis** und verschiedenen Problemen wie **Magengeschwüren** und Entzündungen eingesetzt.

Eine Legende der Asháninca-Indianer erzählt, wie die heilenden Eigenschaften der Katzenkralle einem Jäger offenbart wurden, der beobachtete, wie ein Puma die Rinde der Pflanze aufkratzte und den Saft trank. Nachdem er das Gleiche tat und daraufhin von einem **kraftspendenden Traum** heimgesucht wurde, in dem er erfolgreich jagte, wurde die Pflanze als heilig und kraftgebend verehrt.

In der modernen Anwendung wird Katzenkralle aufgrund ihrer antioxidativen und entzündungshemmenden Eigenschaften geschätzt, die zur Stärkung des Immunsystems beitragen. Sie hat auch eine anerkannte Wirkung bei der Behandlung von **Depressionen** und kann in

Form von Tee, Räucherware oder verdampft in einem Vaporizer konsumiert werden.

Kurz und knapp:

Antioxidativ: Unterstützt den Körper dabei, freie Radikale zu bekämpfen und Zellschäden zu verhindern.

Entzündungshemmend: Wirksam bei der Reduzierung von Entzündungen im ganzen Körper, besonders bei Arthritis und anderen entzündlichen Erkrankungen.

Immunsystem-Stärkung: Unterstützt das Immunsystem, was besonders bei viralen und bakteriellen Infektionen hilfreich ist.

Antidepressiv: Kann zur Verbesserung der Stimmung und zur Linderung von Depressionssymptomen beitragen.

Antiviral und antibakteriell: Hilft bei der Bekämpfung von Viren und Bakterien, einschließlich schwerer Infektionen wie HIV.

Spirituelle Reinigung: Traditionell genutzt zur spirituellen Reinigung und zum Schutz gegen negative Energien.

In einigen Kulturen genutzt zur Förderung tiefer meditativer Zustände und zur Erleichterung spiritueller Reisen.

Konsummethoden

Teezubereitung:

Die getrockneten Wurzeln und Rinde können zu einem Tee aufgebrüht werden, der bei Verdauungsproblemen, als Immunbooster oder zur Entspannung getrunken wird.

Räucherung:

Getrocknete Pflanzenteile können geräuchert werden, um Räume energetisch zu reinigen oder bei spirituellen Zeremonien eine heilende Atmosphäre zu schaffen.

Vaporisieren:

Die getrockneten Pflanzenteile können in einem Vaporizer bei Temperaturen zwischen 150-180°C verdampft werden, um eine direktere und effektive Aufnahme der Wirkstoffe zu ermöglichen.

Extrakte und Tinkturen:

Konzentrierte Formen von Katzenkralle können als Tinkturen oder Kapseln für eine stärkere und gezieltere therapeutische Wirkung verwendet werden.

Rezept für Katzenkralle-Tee

Zutaten:

1-2 Teelöffel getrocknete Katzenkralle (Wurzel oder Rinde)

250 ml Wasser

Zubereitung:

Das Wasser zum Kochen bringen.

Die getrocknete Katzenkralle hinzufügen.

Den Tee 10-15 Minuten lang köcheln lassen.

Den Tee durch ein Sieb geben, um die Pflanzenteile zu entfernen.

Optional: Nach Geschmack mit Honig oder einem anderen natürlichen Süßstoff süßen.

Trinke den Tee etwa 30-60 Minuten vor dem Schlafengehen, um die beruhigenden und entspannenden Effekte optimal zu nutzen.

Diese Methode hilft nicht nur bei der Entspannung, sondern kann auch die spirituelle Verbindung und die mentale Klarheit fördern, was beides hilfreich ist, um sich während des Traumzustands der eigenen Bewusstheit bewusst zu werden.

Platz für deine Notizen:

Katzenminze

Katzenminze

Die Katzenminze, auch umgangssprachlich als Katzenkraut bekannt, ist eine charakteristische Pflanze der Lippenblütlerfamilie. Der Spitzname "Katzenminze" leitet sich von der Beobachtung ab, dass Katzen vom Duft dieser Pflanze besonders angezogen werden.

Historisch gesehen, ist Katzenminze in der europäischen Kultur seit dem 15. Jahrhundert bekannt, als sie häufig zur Aromatisierung von Speisen verwendet wurde.

In der traditionellen Medizin wurde ihr nachgesagt, sie könne bei einer Reihe von Beschwerden helfen, darunter **Erkältungen**, Grippe und **Verdauungsstörungen**. Ihre Einsatzmöglichkeiten in der Volksmedizin sind vielfältig: Sie wird als **fiebersenkend**, **schweißtreibend**, **krampflösend** und **leicht euphorisierend** beschrieben.

Die spirituelle und kulturelle Bedeutung der Katzenminze ist tief in der Mythologie verwurzelt. Eine der bekanntesten Legenden stammt aus der griechischen Mythologie.

Der Überlieferung nach, sollen sowohl die Echte Minze, als auch die Katzenminze (und andere Minzarten) ihren Namen der griechischen Nymphe Minthe verdanken. Der sexbesessene Hades, seines Zeichens Gott der Unterwelt, begehrte die wunderschöne Minthe, verfolgte sie auf Schritt und Tritt und machte sie schließlich zu seiner Geliebten - sehr zum Missfallen seiner Gattin Persephone. Diese war einst von Hades in die Unterwelt entführt worden, da keine Göttin freiwillig mit dem finsteren Gesellen zusammen leben wollte. Hades gestand aber zu, dass Persephone gelegentlich die Unterwelt verlassen und ihrer Mutter Demeter besuchen durfte. Nichtsdestotrotz der unfreiwilligen Verbindung mit Hades war Persephone fürchterlich eifersüchtig, in diesem Falle auf die schöne Minthe. Ihre Rache, die sich nicht gegen ihren abscheulichen Gatten, sondern gegen die unschuldige Nymphe richtete, war fürchterlich. Persephone verfluchte Minthe und verwandelte sie in eine Kriechpflanze, die mit Füßen getreten wurde und die dazu bestimmt war, im Schatten zu leben.

Hades milderte das Schicksal von Minthe, indem er der Pflanze einen wunderbaren Duft gab, der verströmte, sobald Minthe getreten wurde. Dieser Duft sollte an die Schönheit und Anmut Minthes erinnern und steht symbolisch für die unsterbliche Liebe und die Transformation durch Leid.

In verschiedenen Kulturen symbolisiert die Katzenminze **Schutz** und **Reinigung.** Sie wurde verwendet, um Häuser vor bösen Geistern und **negativen Energien** zu schützen. Im Volksbrauchtum trugen Mädchen Kränze aus Katzenminze bei Tänzen um das Johannisfeuer, um sich vor bösen Geistern zu schützen und um die **rituelle Reinigung** und Segnung durch die Kräfte der Pflanze zu empfangen.

Heute wird Katzenminze wegen ihrer **entspannenden** und **beruhigenden** Eigenschaften geschätzt, sowohl in der pflanzlichen Heilkunde als auch in der **Aromatherapie.** Ihre Fähigkeit, Stress abzubauen und eine angenehme Euphorie zu fördern, macht sie zu einem wertvollen Werkzeug für die spirituelle und emotionale Heilung.

Kurz und knapp:

Entspannend: Kann Stress und Angstzustände reduzieren, was die geistige Entspannung fördert.

Stimmungsaufhellend: Leicht euphorisierende Effekte können helfen, die Stimmung zu verbessern und positive Gefühle zu fördern.

Förderung der Meditation: Aufgrund ihrer beruhigenden Wirkung kann Katzenminze die Meditation und tiefere spirituelle Praktiken unterstützen.

Schutz und Reinigung: Traditionell verwendet, um Häuser und spirituelle Räume vor negativen Energien zu schützen.

Traumfördernd: Kann den Schlaf verbessern und lebhaftere Träume fördern.

Konsummethoden

Teezubereitung:

Blätter der Katzenminze können getrocknet und als Tee aufgebrüht werden. Dieser wird oft vor dem Schlafen getrunken, um seine beruhigenden und entspannenden Effekte zu nutzen.

Ein bis zwei Teelöffel getrocknete Blätter mit heißem Wasser übergießen und 10 Minuten ziehen lassen.

Aromatherapie:

Das ätherische Öl der Katzenminze kann in Diffusern verwendet werden, um eine entspannende Atmosphäre zu schaffen und Stress abzubauen.

Ebenfalls hilfreich bei der Vorbereitung meditativer oder spiritueller Sitzungen.

Räuchern:

Getrocknete Katzenminze kann allein oder in Kombination mit anderen Kräutern geräuchert werden, um Räume energetisch zu reinigen und zu segnen.

Fördert eine spirituell geladene Umgebung und kann in Ritualen verwendet werden, um Schutz zu bieten.

Vaporisieren:

Katzenminze kann bei einer Temperatur von 150-180°C in einem Vaporizer verdampft werden, um eine sofortige beruhigende und entspannende Wirkung zu erzielen.

Räucherzeremonie mit Katzenminze

Materialien:

Räuchergefäß oder eine feuerfeste Schale

Kohletabletten (für das Räuchern) oder ein Aromadiffuser (für die Aromatherapie)

Getrocknete Katzenminze (eventuell zerkleinert für das Räuchern)

Optional: Andere Kräuter wie Lavendel oder Kamille, um die Wirkung zu verstärken

Vorbereitung des Raumes:

Sorge für eine ruhige, ungestörte Umgebung.

Reinige den Raum physisch und energetisch, indem du beispielsweise etwas aufräumst und Frischluft hereinlässt.

Lege die Kohletablette in das Räuchergefäß und zünde sie an, bis sie durchglüht.

Streue die getrocknete Katzenminze (und andere Kräuter, falls verwendet) auf die glühende Kohle.

Durchführung der Räucherung:

Lasse den Rauch sanft durch den Raum ziehen. Du kannst dazu mit einer Feder oder einem Fächer sanft wedeln.

Setze dich in eine bequeme Position und atme tief ein. Konzentriere dich auf den Duft der Kräuter.

Visualisiere, wie der Rauch alle negativen Energien vertreibt und den Raum mit Ruhe und Klarheit füllt.

<u>Meditation und Übergang in den Traumzustand:</u>

Bleibe nach der Räucherung ruhig sitzen oder leg dich hin, wenn du dich auf das Luzide Träumen vorbereitest.

Halte den Fokus auf deinen Atem und lasse alle Gedanken vorüberziehen, ohne an ihnen festzuhalten.

Verwende mentale Bilder oder Affirmationen, die deine Absicht unterstützen, luzide zu träumen.

Platz für deine Notizen:

Kava Kava

Kava Kava

Kava Kava, auch bekannt unter dem Namen "Pfeffer der Götter", ist eine Pflanze mit tiefen Wurzeln in der Tradition und Kultur des Südpazifiks, insbesondere Polynesiens. Dieses Gewächs ist bekannt für seine **beruhigenden**, **entspannenden** und zugleich **geistig aktivierenden** Effekte. Die aus den Wurzeln der Pflanze gewonnene Zubereitung wird traditionell in zeremoniellen Zusammenhängen genutzt, um Kommunikation und Gemeinschaft zu fördern.

Kava Kava wird vor allem wegen seiner Eigenschaft, Stress und Angstzustände zu lindern, geschätzt. Es hat einen **sedierenden** Einfluss auf das Nervensystem, ohne dabei die geistige Klarheit zu trüben, was es von vielen anderen **Beruhigungsmitteln** unterscheidet. In der spirituellen Praxis wird es häufig verwendet, um einen Zustand der **Entspannung** und des geistigen Wachseins zu erreichen, der förderlich für meditative und **visionäre Erfahrungen** ist.

Die Geschichte von Kava Kava ist reich an kulturellen Bezügen und spiritueller Bedeutung. Der Name „Kava“ leitet sich von den polynesischen Wörtern ab, die "bitter" oder "scharf" bedeuten. Es wird angenommen, dass der Begriff auch auf die auffälligen Rippen der Kava-Wurzeln anspielt, die in ihrer Form an die Rippen eines ausgezehrten Körpers erinnern. Diese visuelle Assoziation wird in der Mythologie der Osterinsel vertieft, wo die Moai Kavakava-Figuren, die dünn und gerippt sind, als Abbilder der spirituellen Präsenz gesehen werden.

Einer Legende der Rapanui nach offenbart sich die spirituelle Kraft der Kava Kava in einer Geschichte über einen Vater, der seinen drei Söhne bat, sein Erbe nach seinem Tod, gerecht zu verteilen.

Die beiden Ältesten hielten sich allerdings nicht an den Willen des Vaters und teilten das Erbe nur unter sich auf. Der jüngste Sohn ging leer aus. Da erschien ihm der Vater als spirituelles Wesen, bekannt als Aku Aku, um Gerechtigkeit zu schaffen. Der Aku Aku versprach ihm, einen großen Baum zu schicken (auf der nahezu entwaldeten Osterinsel war Holz besonders kostbar). Einige Tage später trieb ein großer Baum an das Ufer und der jüngste Sohn begann damit ihn zu verarbeiten.

Als die beiden älteren Brüder das sahen, wollten sie den Baum für sich. Der jüngste rief jedoch den Aku Aku zu Hilfe und der Baum erhob sich und trieb die beiden Männer davon. Da sahen die beiden Ältesten ein, dass sie Unrecht getan hatten, und teilten das Erbe gerecht auf. Aus dem Baum fertigten sie gemeinsam Statuen, Ruder und Kriegskeulen.

Diese Geschichten unterstreichen den tiefen Glauben an die transformative und schützende Kraft der Kava Kava.

Medizinisch wird Kava Kava häufig zur Behandlung von **Schlafstörungen**, nervöser Unruhe und zur **Entspannung** genutzt. Es wirkt auf das zentrale Nervensystem beruhigend, ohne dabei die mentale Klarheit zu beeinträchtigen. Daher ist es besonders wertvoll in Praktiken, die auf eine Vertiefung des spirituellen Bewusstseins und auf luzides Träumen abzielen. Die Fähigkeit von Kava Kava, den Geist zu entspannen und gleichzeitig zu schärfen, macht es zu einem idealen Begleiter für meditative Übungen und spirituelle Rituale, die darauf abzielen, die Verbindung zwischen Körper und Geist zu stärken und das Bewusstsein für die feineren Energien des Lebens zu öffnen.

Kava Kava ist ein kraftvolles Werkzeug in der spirituellen und medizinischen Welt, das sowohl die physische Entspannung als auch die **geistige** und **emotionale Heilung** fördert.

Kurz und knapp:

Beruhigend: Fördert einen erholsamen Schlaf.

Entzündungshemmend: Kann entzündungshemmende Eigenschaften haben.

Schmerzlindernd: Lindert leichte Schmerzen.

Muskelentspannend: Hilft bei Muskelverspannungen.

Zeremonielle Nutzung: Traditionell bei Initiationsritualen und spirituellen Zeremonien.

Förderung von Klarheit: Unterstützt bei meditativen Zuständen und der mentalen Klarheit.

Konsummethoden

Teezubereitung:

Kava Kava Wurzelpulver mit warmen Wasser (ca. 40-50°C) mischen und ziehen lassen. Beruhigend, angstlösend, entspannend.

Räuchern:

Kava Kava Wurzelstücke auf einer Kohle oder in einem Räuchergefäß verbrennen. Fördert Klarheit, erdend, entspannend.

Vaporisieren:

Temperatur: 175-185°C

Schnelle Entspannung, beruhigend, muskelentspannend.

Kauen:

Kava Kava Wurzelstücke kauen.

Schnelle Aufnahme, beruhigend, leicht euphorisierend.

Kava Kava Teezeremonie

Materialien:

Kava Kava Wurzelpulver (2-3 Teelöffel)

Warmes Wasser (nicht kochend)

Eine Schale oder Tasse

Ein Teelöffel oder Rührstab

Kerzen oder sanfte Beleuchtung

Entspannende Musik oder Naturklänge

Eine bequeme Sitz- oder Liegefläche

Räucherstäbchen (optional)

Ablauf:

Raumvorbereitung:

Dimme das Licht oder zünde Kerzen an, um eine beruhigende Atmosphäre zu schaffen.

Spiele sanfte Musik oder Naturklänge ab, um den Raum mit beruhigenden Klängen zu füllen.

Zünde ein Räucherstäbchen an und verteile den Rauch gleichmäßig im Raum, um eine entspannte Umgebung zu fördern.

Persönliche Vorbereitung:

Setze dich bequem hin und schließe die Augen. Atme tief durch die Nase ein und langsam durch den Mund aus. Wiederhole dies 5-10 Mal, um deinen Geist zu beruhigen.

Lege deine Hände auf deine Knie, mit den Handflächen nach oben. Konzentriere dich auf das Gefühl der Ruhe und Gelassenheit.

Tee-Zubereitung:

Nimm 2-3 Teelöffel Kava Kava Wurzelpulver und gib es in die Schale oder Tasse.

Gieße das warme Wasser (ca. 40-50°C) über das Kava Kava Pulver.

Rühren den Tee langsam um, bis das Pulver gut im Wasser aufgelöst ist. Während du rühst, sprich leise deine Intention oder ein Gebet, um die Wirkung zu verstärken.

Halte die Tasse mit beiden Händen und schließe die Augen. Visualisiere dein Ziel, luzide Träume zu haben.

Sprich folgende Intention oder Gebet:

„Ich trinke diesen Tee, um Klarheit und Bewusstsein in meinen Träumen zu finden. Möge dieser Trank mir helfen, meine Träume bewusst zu erleben und tiefe Erkenntnisse zu gewinnen."

Trinke den Tee in kleinen Schlucken. Nimm dir Zeit und genieße jeden Schluck bewusst.

Achten auf den Geschmack und die Wärme des Tees. Spüre wie die beruhigende Wirkung des Kava Kava deinen Körper und Geist entspannt.

Meditation:

Setze oder lege dich bequem hin, nachdem du den Tee getrunken hast.

Schließe die Augen und konzentriere dich auf deine Atmung. Atme ruhig und gleichmäßig.

Stell dir vor, wie ein sanftes, beruhigendes Licht deinen Körper umhüllt und du in einen Zustand tiefer Entspannung führt.

Bleibe in dieser entspannten Position und lasse deinen Geist zur Ruhe kommen.

Bedanke dich mental für die Erfahrung und die Unterstützung durch die Kava Kava Pflanze.

„Liebe Kava Kava Pflanze, ich danke dir für deine beruhigende und klärende Energie. Möge dieser Tee mir helfen, in meine Träume einzutauchen und sie bewusst zu erleben. Führe mich zu Klarheit und Einsicht in der Traumwelt. Amen."

Wenn du bereit bist, lege dich ins Bett. Halte deine Intention für luzide Träume im Hinterkopf, während du langsam in den Schlaf gleitest.

Reflexion: Notiere dir am nächsten Morgen alle Eindrücke oder Träume, die du hattest.

Kakao

Kakao

Stell dir vor, du reist zurück in die Zeit der mächtigen Zivilisationen Mittelamerikas, wo der Kakao mehr als nur eine Pflanze, sondern ein Symbol göttlicher Macht war. Der wissenschaftliche Name des Kakaobaumes, Theobroma cacao, bedeutet **„Speise der Götter“,** und dieser Name spiegelt die tiefe spirituelle und kulturelle Bedeutung wider, die Kakao in den antiken Kulturen der Maya und Azteken innehatte.

Für die Maya war Kakao ein heiliges Geschenk der Götter, insbesondere des Gottes Quetzalcoatl, der als der Gott der Weisheit galt und den Menschen den Kakao brachte. Es wird erzählt, dass Quetzalcoatl aus dem Himmel herabstieg und den Menschen den Kakaobaum schenkte, damit sie ein Getränk bereiten konnten, das ihnen **Weisheit** und **Wissen** verleiht. Dieses Getränk, oft mit Chili, Honig oder Gewürzen vermischt, war kein gewöhnlicher Trank, sondern ein **heiliges Elixier,** das bei **rituellen Zeremonien,** königlichen Festen und als **Opfergabe** an die Götter verwendet wurde.

Die Azteken ihrerseits verehrten Kakao wegen seiner kräftigenden und stärkenden Eigenschaften, die sie benötigten, um die Gunst ihrer Götter zu erhalten und das Universum im **Gleichgewicht** zu halten. Kakao wurde in der Aztekenkultur als wertvolles Zahlungsmittel eingesetzt, so wertvoll, dass er sogar als Tribut von den unterworfenen Völkern gefordert wurde.

Die Priester der Azteken verwendeten Kakao in ihren heiligen Riten, um Visionen zu induzieren und mit den Göttern zu kommunizieren. Diese tiefgründige Verbindung zwischen Kakao und dem Spirituellen zeigt sich in vielen Überlieferungen und Fresken, die rituelle Szenen mit Kakao darstellen.

Heute wird Kakao in vielen Kulturen aufgrund seiner einzigartigen Verbindung zu Freude und Genuss geschätzt. Doch in einigen modernen spirituellen Praktiken erlebt Kakao eine Art Renaissance als Mittel zur **Eröffnung des Herzens** und als Katalysator für tiefgreifende **innere Reisen**.

Kakaozeremonien, oft geleitet von einem Schamanen oder spirituellen Führer, nutzen die **energetisierenden** und **herzöffnenden** Eigenschaften des Kakaos, um den Teilnehmenden zu helfen, emotionale Blockaden zu lösen und eine tiefere Verbindung zum Selbst und zur umgebenden Welt zu finden.

Egal, ob in kulinarischen Kreationen, in therapeutischen Anwendungen oder in spirituellen Ritualen, Kakao bietet eine reiche Palette an Verwendungsmöglichkeiten, die die Sinne beleben und den Geist nähren.

Kurz und knapp:

Zeremonielle Getränke: In der Maya- und Aztekenkultur war Kakao Hauptbestandteil zahlreicher ritueller Getränke.

Herzöffnung: Verwendung von Kakao in Zeremonien zur Öffnung des Herzens und Förderung emotionaler Heilung.

Blutdrucksenkung: Kakao enthält Flavonoide, die zur Erweiterung der Blutgefäße beitragen können, was zu einer Senkung des Blutdrucks führt.

Verbesserte Durchblutung: Die Antioxidantien in Kakao können die Durchblutung fördern und das Risiko von Herz-Kreislauf-Erkrankungen verringern.

Schutz vor freien Radikalen: Kakao ist reich an Antioxidantien, die den Körper vor Schäden durch freie Radikale schützen, die zu Zellalterung und verschiedenen Krankheiten führen können.

Steigerung der kognitiven Leistung: Flavonoide in Kakao können die neuronale Effizienz verbessern und sind mit einer verbesserten kognitiven Funktion in Verbindung gebracht worden.

Stimmungsverbesserung: Kakao stimuliert die Ausschüttung von Endorphinen, die natürliche Stimmungsaufheller sind und das allgemeine Wohlbefinden fördern können.

Schutz der Haut vor UV-Strahlung: Einige Studien haben gezeigt, dass die Flavonoide in Kakao die Haut vor Schäden durch UV-Licht schützen können.

Reduzierung von Entzündungen: Die in Kakao enthaltenen Verbindungen können entzündungshemmend wirken, was besonders bei chronischen Entzündungserkrankungen von Vorteil sein kann.

Appetithemmung: Kakao kann dabei helfen, das Sättigungsgefühl zu erhöhen und den Appetit zu regulieren, was zur Gewichtskontrolle beitragen kann.

Konsummethoden

Trinken:

Das klassische heiße Getränk, oft mit Milch oder Wasser zubereitet und mit Zucker, Honig oder einem Süßungsmittel nach Wahl verfeinert.

Spirituelle Veranstaltungen, bei denen roher, unverarbeiteter Kakao in einer Zeremonie getrunken wird, um emotionale Heilung und Herzöffnung zu fördern.

Aromatherapie:

Nutzen das beruhigende Aroma von Kakao zur Schaffung einer entspannenden Umgebung.

In Diffusoren verwendet, können die ätherischen Öle aus Kakao zur Verbesserung der Raumluft und zur Steigerung des Wohlbefindens beitragen.

Kakaozeremonie

Zutaten

20-40 g zeremoniellen Rohkakao (Wenn du wenig Erfahrung mit Kakao hast, nimm erstmal weniger.)

200 ml Milch, Pflanzenmilch oder Wasser

1 TL Kokosblütenzucker, Honig oder Rohrohrzucker alternativ

½ TL gemahlener Kardamom

Eine Prise Chili

Raum vorbereiten:

Wähle einen ruhigen, angenehmen Ort, wo du ungestört sein wirst.

Richte eine gemütliche Sitzecke mit Kissen und Decken ein.

Lege entspannende Musik bereit, die während der Zeremonie gespielt werden kann.

Zünde eine Kerze an oder benutze Aromatherapie, um eine beruhigende Atmosphäre zu schaffen.

Kakao zubereiten:

Verwende hochwertigen, rohen Kakao (ca. 20-40 g pro Person).

Erhitze Wasser oder eine Milch deiner Wahl und füge den Kakao hinzu.

Rühre stetig, um eine glatte Textur zu erreichen. Du kannst nach Belieben Gewürze wie Zimt, Cayennepfeffer oder Vanille hinzufügen.Halte die Mischung warm auf niedriger Temperatur, während du die Meditation vorbereitest.

Tipp: Ich persönlich gebe noch einen Teelöffel **Mad Honey** zum süßen dazu. Mad Honey ist ein 100 % natürlicher Honig, der seit Tausenden von Jahren von der lokalen Bevölkerung im Himalaya und in der Schwarzmeerregion im Nordosten der Türkei als Medizin verwendet wird. Mad Honey verdankt seinen Namen den berauschenden Eigenschaften. Der Honig enthält den Stoff Grayanotoxin, der aus dem Nektar einer speziellen Rhododendron-Pflanzenart stammt.

Einstimmung:

Setze oder lege dich bequem hin und schließe die Augen.

Beginne, tief ein- und auszuatmen, um dich zu entspannen und deine Aufmerksamkeit nach innen zu richten.

Nimm einige Minuten, um deine Gedanken zur Ruhe kommen zu lassen und dich auf die Zeremonie einzustimmen.

Kakao trinken:

Nimm den Kakao in deine Hände und halte einen Moment inne, um Dankbarkeit für die heilige Pflanze zu empfinden.

Trinke langsam den Kakao, spüre wie seine Wärme deinen Körper durchströmt und dein Herz öffnet.

Geführte Meditation:

Konzentriere dich weiterhin auf deine Atmung und stelle dir vor, wie der Kakao als goldenes Licht durch deinen Körper fließt.

Visualisiere, wie dieses Licht jede Zelle mit Energie und Liebe füllt, und stelle dir vor, wie es dein drittes Auge aktiviert, das Zentrum der Intuition und der Träume.

Wenn du dich vollständig entspannt und energetisiert fühlst, beginne mit der Vorstellung, dass du in einen Traum übergehst. Visualisiere, wie du bewusst und klar in deinem Traum handelst und Kontrolle über deine Handlungen hast.

Nutze Affirmationen wie: **„Ich bin mir meiner Träume bewusst und erinnere mich klar an sie, wenn ich erwache."**

Bleibe in dieser meditativen Phase, solange es sich richtig anfühlt, und lass die Musik sanft im Hintergrund spielen.

Abschluss:

Beende die Meditation mit einigen tiefen, bewussten Atemzügen.

Öffne langsam deine Augen und bringe deine Aufmerksamkeit zurück in den Raum.

Vielleicht möchtest du deine Erfahrungen in einem Traumtagebuch festhalten oder einfach in Stille nachsinnen.

Diese Kakaozeremonie bietet eine kraftvolle Möglichkeit, dich mit deiner inneren Weisheit zu verbinden und einen Zustand zu erreichen, der förderlich für luzide Träume ist. Sie kann alleine oder in einer Gruppe durchgeführt werden, um eine tiefere spirituelle Erfahrung und gemeinschaftliche Verbindung zu fördern.

Kurkuma

Kurkuma

Kurkuma, auch bekannt als Gelber Ingwer, Safranwurzel, Gelbwurzel oder „Gewürz des Lebens“, stammt aus Südasien und wird weltweit in tropischen Regionen angebaut. Die frische Wurzel hat einen harzigen, leicht brennenden Geschmack, während die getrocknete Variante mild-würzig und leicht bitter schmeckt.

Kurkuma wird hauptsächlich gemahlen verwendet, um seine intensive Färbekraft zu nutzen, insbesondere als Hauptbestandteil von Currypulver. Die leuchtend gelbe Farbe von Kurkuma stammt von dem Inhaltsstoff Curcumin, der auch für seine gesundheitlichen Vorteile bekannt ist.

In Indien wird Kurkuma seit über 4000 Jahren geschätzt und als heilig verehrt. Es zählt zu den wichtigsten Gewürzen der traditionellen indischen Heilkunst Ayurveda, wo es als „heißes“ Gewürz gilt, das **reinigende** und **energiespendende** Eigenschaften besitzt.

Kurkuma wird eine Vielzahl von gesundheitlichen Vorteilen zugeschrieben, darunter **schmerzlindernde**, **antibakterielle**, **entzündungshemmende**, **antioxidative** und **verdauungsfördernde** Wirkungen. Es wird vermutet, dass Kurkuma auch bei der Vorbeugung von **Demenz** hilfreich sein könnte, da seine Inhaltsstoffe die **Blut-Hirn-Schranke überwinden** und neurodegenerative Prozesse verlangsamen können. Diese Annahme wird durch die niedrigeren Demenzraten in Indien im Vergleich zu westlichen Ländern gestützt, wo Kurkuma ein fester Bestandteil der Ernährung ist. Zudem soll Kurkuma aufgrund seiner entzündungshemmenden Eigenschaften auch bei Rheuma hilfreich sein.

Kurkuma spielte auch eine zentrale Rolle in religiösen Zeremonien in Indien, wie in den uralten Veden, den heiligen Schriften Indiens, vielfach dokumentiert ist. Früher wurde die Pflanze als Nisha bezeichnet und galt als **heilig**. Sie wurde von den Menschen verehrt und nie achtlos behandelt, da ihre wertvollen Wurzeln Heilung versprachen und ihre strahlend gelben Blüten die Schönheit der Natur symbolisierten. Kurkuma wurde wegen ihrer intensiven Farbe als „Symbol der Sonne“ angesehen und stand für allumfassende Heilung durch die Natur.

In den Veden wird Kurkuma als Geschenk der Götter an die Menschheit beschrieben.

Eine berühmte Legende besagt, dass die Götter den Menschen Kurkuma schenkten, um sie vor Krankheiten und bösen Geistern zu schützen. Es heißt, dass die Göttin Parvati, die Gemahlin von Shiva, die Kurkuma-Pflanze mit einem Teil ihrer göttlichen Energie erfüllte, um ihre heilenden Kräfte zu verstärken. Parvati soll die Pflanze selbst in ihren heiligen Garten gepflanzt haben, wo sie unter dem wachsamen Auge der Göttin blühte und gedeihte.

Der Legende nach verbreitete sich die heilende Energie von Kurkuma durch die Erde, als Parvati die Pflanze mit ihren Tränen segnete, die aus Freude über die Heilkräfte des Gewächses flossen. Die Menschen glaubten, dass das regelmäßige Verzehren von Kurkuma sie in enger Verbindung mit den göttlichen Kräften halten würde und ihnen **göttlichen Schutz** und Gesundheit gewähre.

Kurz und knapp:

Tonisierend, anregend, stimulierend, aphrodisierend, antidepressiv, durchblutungsfördernd, gefäßstärkend.

Kurkuma wird auch als potenziell krebshemmend betrachtet.

Konsummethoden

Teezubereitung:

Frische Kurkuma-Wurzel oder gemahlenes Kurkuma-Pulver.

Ein Teelöffel frisch geriebene Kurkuma-Wurzel oder ein halber Teelöffel Kurkuma-Pulver pro Tasse Wasser verwenden.

Kurkuma in das kochende Wasser geben.

Für 10-15 Minuten bei niedriger Hitze köcheln lassen.

Mit Zitrone, Ingwer und Honig abschmecken.

Entzündungshemmend, verdauungsfördernd, antioxidativ.

Vaporisieren:

Empfohlene Temperatur: 175-200°C.

Kurkuma-Pulver oder kleine Stücke der Wurzel in die Kräuterkammer des Vaporizers geben.

Vaporizer auf die empfohlene Temperatur einstellen.

Inhalieren, sobald der Dampf bereit ist.

Anregend, schmerzlindernd, stimmungsaufhellend.

Räuchern:

Getrocknete Kurkuma-Wurzel oder Pulver.

Eine feuerfeste Schale verwenden.

Getrocknete Kurkuma-Wurzel oder Pulver in die Schale geben.

Mit einer Kohletablette erhitzen.

Den aufsteigenden Rauch zur Reinigung von Räumen oder bei meditativen Ritualen verwenden.

Reinigung, spirituelle Klärung, Schutz.

Golden Milk (Goldene Milch):

Kurkuma-Pulver, Pflanzenmilch (z.B. Mandel- oder Kokosmilch), Pfeffer, Zimt, Honig.

Eine Tasse Pflanzenmilch erwärmen.

Einen Teelöffel Kurkuma-Pulver und eine Prise schwarzen Pfeffer hinzugeben.

Für 5 Minuten unter Rühren köcheln lassen.

Mit Zimt und Honig abschmecken.

Entzündungshemmend, beruhigend, immunstärkend.

Rezept für Kurkuma-Ingwer-Tee

„Lieblingstee"

Zutaten:

1,8 Liter Wasser

0,2 Liter Olivenöl

100 g Ingwer, geschält und geschnitten

100 g Kurkuma, geschält und geschnitten

1 Apfel, geschält und geschnitten

Saft von 1-2 Zitronen

Zubereitung:

Gib das Wasser und das Olivenöl in einen großen Topf und erhitze die Mischung auf mittlerer Hitze, bis sie leicht köchelt.

Füge den geschälten und geschnittenen Ingwer sowie den Kurkuma hinzu.

Gib den geschälten und geschnittenen Apfel ebenfalls in den Topf.

Lasse die Mischung für etwa 20-30 Minuten bei schwacher Hitze köcheln, damit sich die Aromen und Wirkstoffe der Zutaten gut entfalten können.

Nachdem die Mischung geköchelt hat, füge den Saft von 1-2 Zitronen hinzu und rühre gut um.

Seihe den Tee durch ein feines Sieb oder ein Tuch ab, um die festen Bestandteile zu entfernen.

Der Tee kann warm oder kalt serviert werden.

Der Tee kann helfen, die Chakren auszugleichen und eine harmonische innere Balance zu fördern.

Die wärmenden und belebenden Eigenschaften des Tees unterstützen mentale Klarheit und Konzentration, was ideal für Meditation und luzide Traumerfahrungen ist.

Kurkuma und Ingwer fördern das Gefühl der Erdung, was besonders hilfreich sein kann, um sich vor einer Meditationssitzung zu zentrieren.

Platz für deine Notizen:

Kolanuss

Kolanuss

Die Kolanuss, auch bekannt als Colanuss, Goronuss oder Bissynuss. Diese geheimnisvolle Frucht, etwa walnussgroß und leicht bitter im Geschmack, trägt ein Erbe, das tief in den Mythen und Traditionen Afrikas verwurzelt ist. Seit Jahrhunderten nutzen die Menschen auf dem afrikanischen Kontinent die **stimulierenden** Eigenschaften der Kolanuss und schätzen ihre kulturelle Bedeutung.

Stell dir vor, du sitzt in einem traditionellen Dorf unter einem mächtigen Baobab-Baum. Ein älterer Dorfbewohner bricht feierlich eine Kolanuss entlang ihrer natürlichen Naht auf und teilt sie in kleinere Stücke. Mit einem Lächeln reicht er dir ein Stück und du beginnst, die erdige, leicht bittere Nuss etwa eine Stunde lang zu kauen. Während du kaust, entfaltet die Nuss ihre einzigartige Magie: Ein sanfter **Energieschub** durchströmt deinen Körper, ganz anders als der plötzliche **Koffein-Kick** des Kaffees.

Die Kolanuss hat ihre besondere Wirkung durch das anders gebundene Koffein, das langsamer und gleichmäßiger freigesetzt wird. Doch diese Nuss ist mehr als nur ein natürliches Stimulans. In vielen afrikanischen Kulturen wird die Kolanuss als Symbol der **Gastfreundschaft** geschätzt. Man überreicht sie Gästen als Zeichen des Willkommens, ähnlich wie das Teilen einer Friedenspfeife in den Kulturen der Ureinwohner Amerikas.

Die Mythologie erzählt uns, dass die Kolanuss einst eine **Götterspeise** war, den Menschen jedoch vorenthalten blieb. Erst als eine Nuss auf der Erde vergessen wurde, sprossen die ersten Kolabäume und die Menschen entdeckten ihre kraftvolle Wirkung.

Heute ist es in vielen Volksgruppen üblich, Kolanüsse bei wichtigen gesellschaftlichen und religiösen Anlässen gemeinsam zu konsumieren. Sie dienen als **Opfergaben** für die Ahnen und sind ein festes Ritual bei **Hochzeiten**, wo der Bräutigam einen Korb Kolanüsse an die Eltern der Braut überreicht.

Auch als Zahlungsmittel fanden die Kolanüsse Verwendung, was ihre immense Wertschätzung in diesen Kulturen unterstreicht.

Gemahlen und zu einem feinen Pulver verarbeitet, sollen sie gegen **Antriebsunlust**, **Migräne**, **Fieber** und **Erbrechen** helfen. Sie unterstützen den Heilungsprozess nach Krankheiten und werden oft mit **Guarana kombiniert**, um ihre **Wirkung zu verstärken**.

Die Kolanuss ist ein wahrhaftiges Geschenk der Natur, das nicht nur die Sinne belebt, sondern auch eine Brücke zwischen den Welten der Menschen und der Götter schlägt.

Kurz und knapp:

Stimulierend: Sanfter Energieschub durch langsame Freisetzung von Koffein.

Aphrodisierend: Kann die Libido steigern.

Antidepressiv: Verbesserung der Stimmung und Förderung des Wohlbefindens.

Konzentrationssteigernd: Erhöht die geistige Wachsamkeit und Konzentration.

Schmerzlindernd: Hilft bei Migräne und Neuralgien.

Rituelle Verwendung: Wichtiger Bestandteil bei Hochzeiten und gesellschaftlichen Anlässen.

Konsummethoden

Kauen:

Die Nuss wird aufgebrochen, in kleinere Stücke geteilt und etwa eine Stunde lang gekaut.

Das langsame Kauen setzt das Koffein allmählich frei, was zu einem gleichmäßigen Energieschub führt.

Teezubereitung:

Gemahlene Kolanüsse werden mit heißem Wasser übergossen und für 5-10 Minuten ziehen gelassen.

Stimulation ähnlich wie bei Kaffee, jedoch mit langsamerer Freisetzung. Ideal für eine entspannte, aber wachmachende Teepause oder als Teil von Ritualen zur geistigen Klarheit.

Vaporisieren:

Erhitzen im Vaporizer bei 185-200°C.

Schnelle Aufnahme der aktiven Substanzen durch die Lunge, was zu einer zügigen Wirkung führt.

Geeignet für schnelle Energiezufuhr und klare, fokussierte Gedanken, oft genutzt in meditativen Praktiken oder bei spirituellen Zeremonien.

Räuchern:

Getrocknete Kolanüsse werden zerkleinert oder pulverisiert.

Auf einer Räucherkohle oder einem speziellen Räuchergefäß erhitzt.

Erzeugt einen aromatischen Rauch, der zur energetischen Reinigung von Räumen und zur Förderung einer spirituellen Atmosphäre dient.

Häufig in Reinigungsritualen und spirituellen Zeremonien verwendet, um die Verbindung zu höheren Bewusstseinsebenen zu unterstützen.

Pulverisierte Form:

Pulver kann in rituellen Kreisen ausgestreut oder direkt auf die Haut aufgetragen werden.

Fördert Klarheit und spirituelle Verbindung durch die direkte Aufnahme über die Haut oder die Atemwege.

Beliebt in Zeremonien zur Erhöhung der Wachsamkeit und zur Stärkung des Gemeinschaftsgefühls.

Für die Vorbereitung auf luzide Träume ist das Trinken eines Tees aus Kolanuss besonders geeignet. Er bietet eine sanfte und kontinuierliche Freisetzung von Koffein, das die Wachsamkeit und Klarheit fördert, welche für das Erleben von luziden Träumen vorteilhaft sind.

Rezept für Kolanuss-Tee

Zutaten:

1-2 Teelöffel gemahlene Kolanuss

1 Tasse heißes Wasser (ca. 250 ml)

Teekanne oder Teebecher mit Deckel

Feinmaschiges Sieb oder Teefilter

Optional: Honig oder Zitrone zum Verfeinern

Zubereitung:

Falls die Kolanuss noch nicht gemahlen ist, zerkleinere sie in einem Mörser oder mit einer Kaffeemühle zu einem feinen Pulver.

Koche frisches Wasser und lass es kurz abkühlen, bis es etwa 90°C erreicht hat. Zu heißes Wasser kann die Wirkstoffe der Kolanuss zerstören.

Gib 1-2 Teelöffel des gemahlenen Kolanuss-Pulvers in die Teekanne oder den Teebecher.

Übergieße das Pulver mit dem heißen Wasser.

Decke die Teekanne oder den Teebecher ab und lass den Tee 5-10 Minuten ziehen. Je länger die Ziehzeit, desto intensiver die Wirkung.

Rühre gelegentlich um, damit sich die Wirkstoffe besser lösen.

Gieße den Tee durch ein feinmaschiges Sieb oder einen Teefilter in eine Tasse, um das Pulver zu entfernen.

Füge nach Belieben etwas Honig oder einen Spritzer Zitrone hinzu, um den Geschmack zu verbessern.

Zeitpunkt des Konsums:

Trinke den Kolanuss-Tee etwa 30-60 Minuten vor dem Zubettgehen. Dies gibt dem Körper genügend Zeit, die stimulierenden Substanzen aufzunehmen und ihre Wirkung zu entfalten.

Bereite dein Schlafzimmer vor, indem du Lichtquellen minimierst und eine entspannende Atmosphäre schaffst. Dies fördert die Entspannung und erleichtert den Übergang in den Schlaf.

Nach dem Trinken des Tees, nimm dir 10-15 Minuten Zeit für eine kurze Meditation oder Atemübungen, um deinen Geist zu beruhigen und dich auf luzide Träume einzustimmen.

Atme tief ein, halte den Atem für einige Sekunden und atme dann langsam aus. Wiederhole dies mehrmals, um deinen Geist zu klären.

Vor dem Einschlafen, setze eine klare Intention, dass du einen luziden Traum erleben möchtest. Du kannst dies durch eine Affirmation unterstützen, z.B.: **„Ich werde mir meiner Träume bewusst sein."**

Schlaf und Träume beobachten:

Halte ein Notizbuch neben deinem Bett bereit, um sofort nach dem Aufwachen Notizen über deine Träume zu machen.

Platz für deine Notizen:

Lavendel

Lavendel

Lavendel, eine edle Pflanze aus der Familie der Lippenblütler. Die volkstümlichen Namen wie Nervenkräutel, Narden, Lavander oder Schwindelkraut verraten bereits die vielfältigen Einsatzmöglichkeiten dieses kostbaren Gewächses. Ursprünglich in den sonnigen Küstenregionen des Mittelmeerraums beheimatet, erstreckt sich sein Vorkommen von Dalmatien und Griechenland bis hin zu den malerischen Hängen der Toskana.

Schon im Mittelalter erkannten Heilkundige die beeindruckenden Kräfte des Lavendels. Besonders geschätzt wurde er auf den klösterlichen Besitzungen, wo er als Heilkraut gegen **innere Unruhe** und **Stress** Verwendung fand. Die berühmte Klosterfrau Hildegard von Bingen pries den Lavendel für sein starkes, **beruhigendes Aroma** und empfahl ihn als äußeres Mittel gegen Läuse. In dieser Zeit entstand auch die Tradition, Lavendelsäckchen in Kleiderschränke zu legen, um Motten fernzuhalten – eine Praxis, die bis heute beliebt ist.

Der Lavendel hat auch tiefe Wurzeln in der spirituellen Welt.

Im Mittelalter wurde der Lavendelstrauch als „Muttergottespflanze" verehrt, ein Symbol für die Reinheit der Jungfrau Maria. Der violette Farbton der Blüten stand für **seelische Weiterentwicklung** und die Suche nach **Weisheit**. Getrocknete Lavendelblüten wurden als „Abwehrkräuter" genutzt, um Häuser und Menschen vor Geistern und Unfrieden zu **schützen**. Der wohlriechende Duft sollte nebulöse Geister vertreiben und für **Klarheit** und **Reinheit** sorgen.

Eine faszinierende Geschichte aus dem 17. Jahrhundert erzählt von der Pestepidemie in Marseille. Vier Männer wurden gefasst, wie sie die Toten beraubten, ohne sich selbst zu infizieren. Sie verrieten ihr Geheimnis im Austausch für ihre Freiheit: Ein Kräuteressig aus Lavendel, der als „Vier-Diebe-Essig“ berühmt wurde. Sie rieben sich damit ein und spülten ihren Mund aus, was sie vor der Ansteckung bewahrte.

Lavendel entfaltet seine **beruhigenden** und **entspannenden** Eigenschaften besonders beim Verdampfen, was ihn zu einem idealen Begleiter für die Vorbereitung auf luzide Träume macht.

Die **sanfte, sedierende** Wirkung des Lavendels hilft, den Geist zu beruhigen und den Körper zu entspannen, wodurch das Bewusstsein leichter in einen Zustand übergeht, der luzide Träume fördert.

Kurz und knapp:

Antidepressiv: Hebt die Stimmung und bekämpft Depressionen.

Beruhigend: Reduziert Stress und fördert die Entspannung.

Sedierend: Hilft beim Einschlafen und verbessert die Schlafqualität.

Schmerzlindernd: Lindert Kopfschmerzen und rheumatische Beschwerden.

Atemwegserkrankungen: Unterstützt bei der Behandlung von funktionellen Atemwegserkrankungen.

Schutzpflanze: Dient als Abwehrmittel gegen negative Energien und Geister.

Symbol der Reinheit: Verbindet mit spiritueller Klarheit und Weisheit.

Konsummethoden

Vaporisieren:

Fülle den Vaporizer mit getrockneten Lavendelblüten.

Stelle den Vaporizer auf 130-150°C ein.

Inhaliere den sanften Lavendeldampf tief und gleichmäßig, etwa 10-15 Minuten vor dem Schlafengehen.

Fördert Entspannung und bereitet den Geist auf luzide Träume vor.

Teezubereitung:

Übergieße 1-2 Teelöffel getrocknete Lavendelblüten mit heißem Wasser (ca. 90°C).

Lasse den Tee 5-10 Minuten ziehen.

Trinke den Lavendeltee langsam und bewusst, um Körper und Geist zu beruhigen.

Räuchern:

Zerkleinere getrocknete Lavendelblüten und platziere sie auf einer Räucherkohle.

Lasse den aromatischen Rauch durch den Raum ziehen, um eine beruhigende Atmosphäre zu schaffen.

Nutze die Zeit des Räucherns für eine kurze Meditation, um dich auf deine Träume zu konzentrieren.

Durch die gezielte Anwendung von Lavendel in verschiedenen Formen schaffst du eine ideale Grundlage für luzide Träume, die dein Bewusstsein erweitern und tiefere Einsichten ermöglichen können.

Herstellung von Lavendelöl

Zutaten und Utensilien:

Frische oder getrocknete Lavendelblüten

Ein hochwertiges Trägeröl (z.B. Olivenöl, Jojobaöl oder Mandelöl)

Ein sauberes Glasgefäß mit Deckel

Feines Sieb oder Käsetuch

Dunkle Glasflasche zur Aufbewahrung

Herstellung:

Wenn du frische Lavendelblüten verwendest, lasse sie 1-2 Tage an einem trockenen Ort trocknen, um überschüssige Feuchtigkeit zu entfernen.

Fülle das Glasgefäß zu etwa 2/3 mit den Lavendelblüten.

Gieße das Trägeröl über die Blüten, bis sie vollständig bedeckt sind. Rühre leicht um, um sicherzustellen, dass alle Blüten mit Öl bedeckt sind.

Verschließe das Glasgefäß fest und stelle es an einen warmen, sonnigen Platz.

Lasse die Mischung 2-4 Wochen ziehen, schüttle das Glas gelegentlich, um die Blüten gut im Öl zu verteilen.

Nach der Ziehzeit, gieße das Öl durch ein feines Sieb oder Käsetuch in eine Schüssel, um die Blütenreste zu entfernen.

Drücke die Blütenreste leicht aus, um das restliche Öl zu gewinnen.

Fülle das Lavendelöl in eine dunkle Glasflasche, um es vor Licht zu schützen.

Beschrifte die Flasche mit dem Herstellungsdatum und lagere sie an einem kühlen, dunklen Ort.

Durch die Kombination von Lavendelöl und diesen Massagetechniken kannst du eine tiefe Entspannung und Wohlbefinden fördern, was die Vorbereitung auf einen erholsamen Schlaf und luzide Träume unterstützt.

Massagetechniken mit Lavendelöl

Hand- und Armmassage:

Massiere sanft die Hände mit kreisenden Bewegungen, konzentriere dich auf die Handflächen und Finger.

Arbeite dich entlang der Arme nach oben, verwende dabei sanften Druck und streichende Bewegungen.

Fußmassage:

Trage Lavendelöl auf die Füße auf.

Beginne mit sanften, kreisenden Bewegungen an den Fersen und arbeite dich zu den Zehen vor.

Nutze deine Daumen, um Druckpunkte an den Fußsohlen zu massieren, um Entspannung zu fördern.

Geführte Meditation mit Lavendel

Vorbereitung:

Räuchern mit Lavendel:

Zerkleinere getrocknete Lavendelblüten und lege sie auf eine Räucherkohle.

Lasse den aromatischen Rauch durch den Raum ziehen, um eine beruhigende Atmosphäre zu schaffen.

Öffne ein Fenster leicht, um frische Luft hereinzulassen und den Lavendelduft zu verteilen.

Lavendelkissen oder Tee:

Bereite ein Lavendelkissen oder Lavendeltee vor und platziere es in der Nähe deiner Meditationsstätte.

Geführte Meditation:

Setze dich bequem hin oder lege dich auf eine weiche Unterlage.

Schließe die Augen und nimm ein paar tiefe Atemzüge, um dich zu zentrieren.

Spüre den Lavendelduft um dich herum und lass ihn deine Sinne beruhigen.

Atme tief ein, spüre, wie die beruhigende Energie des Lavendels deinen Körper durchströmt.

Halte den Atem für einen Moment und atme dann langsam aus, lass dabei alle Anspannung los.

Wiederhole dies einige Male, um dich zu entspannen.

Stelle dir ein weites Lavendelfeld vor, das in sanften Wellen vor dir liegt.

Gehe in Gedanken durch das Feld, spüre die sanfte Brise und den Duft der Lavendelblüten.

Nimm die Ruhe und Gelassenheit des Feldes in dir auf.

Sage dir in Gedanken: **„Ich werde mir meiner Träume bewusst sein."**

Wiederhole diese Affirmation mehrmals, während du tief und ruhig weiter atmest.

Lasse nun deine Aufmerksamkeit durch deinen Körper wandern, beginnend bei den Füßen.

Entspanne bewusst jeden Körperteil: Füße, Beine, Bauch, Brust, Arme, Hände, Nacken, Kopf.

Spüre, wie jede Anspannung von dir abfällt und eine tiefe Ruhe einkehrt.

Visualisiere, wie du sanft in den Schlaf gleitest, umgeben von Lavendelduft.

Stelle dir vor, wie du in deinen Träumen bewusst und klar wirst, die Kontrolle über deine Träume übernimmst.

Bleibe in diesem Zustand der tiefen Entspannung und Freude, bis du bereit bist, die Meditation zu beenden oder sanft einzuschlafen.

Wenn du bereit bist, beende die Meditation, indem du langsam deine Augen öffnest und ein paar tiefe Atemzüge nimmst.

Bedanke dich bei dir selbst für diese Zeit der Selbstfürsorge und Entspannung.

Platz für deine Notizen:

Maca

Maca-Wurzel

Stell dir vor, du stehst hoch oben in den majestätischen Anden, umgeben von schneebedeckten Gipfeln und einer klaren, dünnen Luft. Hier wächst die Maca-Wurzel, auch bekannt als Peru-Ginseng, eine Pflanze, die seit Jahrtausenden ein essenzieller Bestandteil der peruanischen Kultur ist.

Maca, die zur Gattung der Kressen gehört gedeiht auf über 4000 Metern Höhe. Diese extreme Umgebung verleiht ihr außergewöhnliche Kräfte, die sie großzügig an ihre Konsumenten weitergibt.

Unter den präkolumbianischen Kulturen galt die Maca-Wurzel als göttliches Geschenk, ein Heiligtum, das speziell dem Inka-Adel und den Kriegern vorbehalten war.

Die Chroniken der spanischen Konquistadoren berichten von Maca als heiligem Lebensmittel, das die **Manneskraft**, **Vitalität** und **Körperstärke** förderte. Es heißt, dass diese Wurzel der Liebesgöttin Venus geweiht war, da sie die **Fruchtbarkeit** erhöhte und als starkes **Aphrodisiakum** galt.

In den alten Mythen der Andenvölker wird erzählt, dass die Maca-Wurzel einst von den Göttern als Gabe für die tapfersten Krieger erschaffen wurde, um ihnen übermenschliche Kräfte und Ausdauer zu verleihen. Die Inka nutzten Maca, um ihre Krieger vor großen Schlachten zu stärken, und es heißt, dass der Konsum der Wurzel ihre Erfolge auf dem Schlachtfeld maßgeblich beeinflusste. Diese Verbindung zur göttlichen Kraft und zum spirituellen Schutz macht Maca zu einem besonderen Symbol der **Stärke** und **Ausdauer**.

Heute wird die Maca-Wurzel für ihre beeindruckenden gesundheitlichen Vorteile geschätzt. In der peruanischen Naturheilkunde ist sie bekannt für ihre **wärmenden Eigenschaften** und wird ähnlich wie in der traditionellen chinesischen Medizin in erhitzende und abkühlende Nahrungsmittel eingeteilt. Ihre wärmenden Eigenschaften machen sie besonders nützlich bei **rheumatischen Beschwerden** und **Atemwegserkrankungen**. Zudem wird sie sowohl bei Menschen als auch bei Tieren zur Förderung der **Fruchtbarkeit** eingesetzt.

Maca ist auch für ihre tonisierenden und aphrodisierenden Effekte bekannt, die sie zu einem beliebten Mittel bei **Müdigkeit**, **Stress** und **Depressionen** machen. Ihre stimulierenden Eigenschaften verleihen neuen **Schwung** und **Vitalität**, was sie zu einer wertvollen Unterstützung im Alltag macht.

Kurz und knapp:

Tonisierend: Stärkt den Körper und erhöht die Vitalität.

Aphrodisierend: Fördert die Libido und Fruchtbarkeit.

Antidepressiv: Verbessert die Stimmung und lindert Depressionen.

Stimmulierend: Erhöht die Energie und reduziert Müdigkeit.

Wärmend: Unterstützt bei rheumatischen Beschwerden und Atemwegserkrankungen.

Konsummethoden

Vaporisieren:

Fülle den Vaporizer mit getrockneten Maca-Wurzeln oder Maca-Pulver.

Stelle den Vaporizer auf 150-200°C ein.

Inhaliere den sanften Dampf tief und gleichmäßig, etwa 15-20 Minuten vor einer Meditation oder einem Ritual.

Erhöht die Energie und fördert eine klare, fokussierte Geisteshaltung.

Teezubereitung:

Übergieße 1-2 Teelöffel Maca-Pulver mit heißem Wasser (ca. 90°C).

Lasse den Tee 5-10 Minuten ziehen.

Trinke den Maca-Tee langsam, um seine wärmenden und tonisierenden Eigenschaften zu genießen.

Räuchern:

Nutze getrocknete Maca-Wurzel auf einer Räucherkohle, um deinen Raum energetisch aufzuladen.

Kombiniere mit Lavendelduft, um die beruhigenden und harmonisierenden Effekte zu verstärken.

Durch die gezielte Anwendung der Maca-Wurzel in verschiedenen Formen kannst du nicht nur deine körperliche Leistungsfähigkeit steigern, sondern auch deine spirituelle Praxis bereichern und dich optimal auf luzide Träume vorbereiten.

Mate

Mate

Stell dir vor, du bist tief im Herzen Südamerikas, umgeben von üppigen Wäldern und sanften Hügeln. Hier, in dieser wilden und mystischen Landschaft, gedeiht der Mate-Strauch, auch bekannt als Matebaum. Diese bemerkenswerte Pflanze, ein Mitglied der Gattung der Stechpalmen, ist in den Ländern Paraguay, Argentinien und Brasilien heimisch, wo sie liebevoll Yerba oder Yerba-Mate genannt wird.

Seit Jahrhunderten wird sie von den Ureinwohnern Lateinamerikas als **heiliger Trank** geschätzt, der **Körper** und **Geist belebt**.

Der Name „Mate" leitet sich vom Quechua-Wort „mati" ab, das eine ausgehöhlte Kalebasse bezeichnet, die traditionell als Trinkgefäß verwendet wird. Diese kulturelle Praxis, die bis heute fortbesteht, betont die tiefe spirituelle und gesellschaftliche Bedeutung des Mate-Tees.

Schon in den alten Legenden der Guarani-Indianer wird erzählt, dass der Mate-Strauch ein Geschenk der Götter war, um den Menschen **Mut**, **Kraft** und **Gemeinschaftssinn** zu schenken.

Die Blätter des Mate-Strauchs, die das Herz dieses magischen Getränks ausmachen, werden sowohl wild gesammelt als auch kultiviert. Diese Blätter, wenn sie in heißem Wasser aufgegossen werden, ergeben Yerba Mate – ein Getränk, das für seine **stimulierenden** Eigenschaften bekannt ist, ohne die typischen Nebenwirkungen von herkömmlichem Kaffee zu haben. Mate soll sowohl **energiespendend** als auch **regenerierend** wirken, was ihn zu einem beliebten Getränk unter Sportlern macht, um verlorene Mineralien schnell wieder aufzufüllen und die **Ausdauer** zu **steigern**.

In der spirituellen Praxis der südamerikanischen Ureinwohner wurde Mate häufig in rituellen Zeremonien verwendet, um die **Sinne** zu **schärfen** und die Verbindung zu den Ahnen und göttlichen Kräften zu stärken.

Der Genuss von Yerba Mate sollte den **Geist öffnen** und **Klarheit** bringen, was besonders bei Meditationen und spirituellen Reisen hilfreich ist.

Heute wird Mate auch wegen seiner vielen Mikronährstoffe geschätzt, die das Immunsystem stärken und Krankheiten vorbeugen können. Zudem fördert Mate die **Entgiftung** und unterstützt die Verdauung, was ihn zu einem idealen Begleiter für Fastenkuren macht. Durch seine **stimulierende** Wirkung belebt er Körper und Geist, und bei höheren Dosierungen kann er sogar **euphorische** Gefühle bei völliger geistiger Klarheit hervorrufen.

Kurz und knapp:

Stimulierend: Erhöht die Wachsamkeit und Energie.

Euphorisierend: Kann bei höheren Dosierungen zu euphorischen Gefühlen führen.

Leistungssteigernd: Verbessert körperliche Ausdauer und mentale Klarheit.

Antidepressiv: Fördert eine positive Stimmung und lindert Depressionen.

Appetitzügelnd: Hilft bei der Kontrolle des Appetits und unterstützt beim Fasten.

Entgiftend: Fördert die Ausscheidung von Toxinen und unterstützt die Verdauung.

Ritualgetränk: Verwendet in Zeremonien zur Schärfung der Sinne und spirituellen Klarheit.

Konsummethoden

Traditionelle Zubereitung von Yerba Mate:

Fülle die Kalebasse zu etwa 2/3 mit Yerba Mate.

Erhitze Wasser auf etwa 70-80°C (nicht kochend).

Gieße etwas kaltes Wasser auf die Blätter, um sie anzufeuchten, dann fülle die Kalebasse vorsichtig mit heißem Wasser.

Trinke den Mate durch die Bombilla, genieße die langsame Freisetzung der Wirkstoffe.

Vaporisieren:

Fülle den Vaporizer mit getrockneten Mate-Blättern.

Stelle den Vaporizer auf 100-150°C ein.

Inhaliere den sanften Dampf tief und gleichmäßig, etwa 10-15 Minuten vor einer Meditation oder spirituellen Praxis.

Erhöht die geistige Klarheit und fördert eine energetische Balance.

Räuchern:

Nutze getrocknete Mate-Blätter auf einer Räucherkohle, um den Raum energetisch aufzuladen.

Lavendel- oder Maca-Kombination: Kombiniere mit Lavendel oder Maca für eine erweiterte spirituelle Wirkung.

Platz für deine Notizen:

Mutterkraut

Mutterkraut

Mutterkraut, ein Gewächs, das tief in der Geschichte der europäischen Heilkunst verwurzelt ist. Dieses Kraut, das oft mit Namen wie Falsche Kamille, Zierkamille und Fieberkraut bezeichnet wird, ist mehr als nur eine Heilpflanze; es ist ein Tor zu alter Weisheit und mystischen Traditionen.

Ursprünglich aus dem östlichen Mittelmeerraum stammend – insbesondere aus Gegenden wie dem Kaukasus, der Türkei und Südosteuropa – fand Mutterkraut seinen Weg in die Gärten und Herzen der Menschen weit über seine natürlichen Grenzen hinaus.

Bereits im ersten Jahrhundert wurde es als heilsames Kraut beschrieben. Kaiser Karl der Große erkannte seine Bedeutung und förderte im 8. Jahrhundert seinen Anbau in Kräuter- und Ziergärten.

Im Mittelalter, einer Zeit, in der das Wissen um Kräuter und ihre Wirkungen oft mit **spirituellen** und **magischen Eigenschaften** verknüpft war, wurde Mutterkraut von Hildegard von Bingen, einer der bedeutendsten Heilerinnen ihrer Zeit, besonders geschätzt. Sie empfahl Mutterkraut zur Linderung von **Frauenleiden** und **Bauchschmerzen,** wodurch es einen festen Platz in der traditionellen Frauenheilkunde erhielt.

Die spirituellen und kulturellen Dimensionen des Mutterkrauts sind tief und vielschichtig. Der Name „Mutterkraut" selbst weist auf seine Verwendung bei **Schwangerschaftsbeschwerden** hin. Es war bekannt dafür, die Menstruation auszulösen und die Ablösung der Plazenta nach der Geburt zu fördern. In der Volksmedizin galt es als ein Kraut, das den Menstruationszyklus regulieren und den Eisprung begünstigen kann. Doch seine Kräfte reichen weit über die physische Heilung hinaus.

In alten Ritualen und Zeremonien wurde Mutterkraut verwendet, um **Schutz** und **Reinigung** zu bieten. Es wurde geglaubt, dass das Kraut böse Geister abwehren und den Körper sowie den Geist von negativen Einflüssen befreien kann.

Die heutige Wiederentdeckung seiner vorbeugenden Wirkung bei **Migräne** zeigt, dass Mutterkraut auch moderne Leiden lindern kann, indem es **beruhigend, entzündungshemmend** und **krampflösend** wirkt.

In der modernen Anwendung hilft es nicht nur bei Husten, Asthma, Erkältungen, Fieber, Gicht und Rheuma, sondern auch dabei, einen Zustand tiefer **Entspannung** und spiritueller **Erkenntnis** zu erreichen.

Kurz und knapp:

Entzündungshemmend: Hilft bei der Reduktion von Entzündungen im Körper, was besonders bei Rheuma und Gicht nützlich ist.

Krampflösend: Löst Krämpfe und muskuläre Spannungen, effektiv bei Menstruationsbeschwerden und Kopfschmerzen.

Gefäßerweiternd: Unterstützt die Durchblutung, kann präventiv gegen Migräne eingesetzt werden.

Appetithemmend: Kann unterstützend in Diäten eingesetzt werden, um das Hungergefühl zu reduzieren.

Beruhigend: Reduziert Stress und fördert die Entspannung, was bei der Behandlung von Schlafstörungen hilfreich sein kann.

Schutz und Reinigung: Wird in Räucherritualen verwendet, um negative Energien zu vertreiben und Räume zu reinigen.

Förderung der weiblichen Energie: Traditionell genutzt, um Frauenkrankheiten zu behandeln und weibliche Energie zu stärken.

Beruhigende Eigenschaften helfen, den Geist zu entspannen und tiefer in meditative Zustände einzutauchen.

Konsummethoden

Teezubereitung:

Mutterkrautblätter mit heißem Wasser übergießen und 5-10 Minuten ziehen lassen. Ideal, um abends zu entspannen oder den Körper auf Meditation vorzubereiten.

Mutterkraut lässt sich gut mit Lavendel oder Kamille mischen, um die beruhigenden Effekte zu verstärken.

Vaporisierung:

Bei Temperaturen von 130-180°C verdampfen, um eine direkte und schnelle Aufnahme der Wirkstoffe zu ermöglichen. Unterstützt die Klarheit des Geistes und kann bei der Vorbereitung auf luzide Träume hilfreich sein.

Äußerliche Anwendung:

Kompressen: Mutterkraut in heißem Wasser ziehen lassen, abkühlen und als Kompresse bei Gelenkschmerzen oder Krämpfen anwenden.

Bäder: Ein Bad mit Mutterkrautextrakt kann helfen, den Körper zu entspannen und spirituelle Reinigung zu fördern.

Räucherungen:

Als Teil von Reinigungsritualen verwenden, um eine meditative Umgebung zu schaffen und spirituelle Energien zu harmonisieren.

Räucherritual mit Mutterkraut und Salbei

Zutaten:

Getrocknetes Mutterkraut

Weißer Salbei (oder ein anderer Salbei deiner Wahl)

Eine hitzebeständige Räucherschale oder ein Räucherstövchen

Räucherkohle (wenn du lose Kräuter räucherst) oder ein feuerfestes Gefäß zum Verbrennen der Kräuter

Ein Feuerzeug oder Streichhölzer

Ablauf des Räucherrituals:

Sorge dafür, dass der Raum, in dem das Ritual stattfindet, sauber und aufgeräumt ist.

Öffne ein Fenster oder eine Tür, um den Rauch abziehen zu lassen und frische Energie hereinzulassen.

Mische gleiche Teile getrocknetes Mutterkraut und Salbei. Die Menge richtet sich nach der Größe des Raumes und der gewünschten Intensität des Rauches.

Zerbröckele die Kräuter leicht, um ihre aromatischen Öle freizusetzen.

Wenn du Räucherkohle verwendest:

Zünde die Räucherkohle in deiner Räucherschale sicher an und warte, bis sie durchgeglüht ist.

Streue dann die Kräutermischung vorsichtig auf die glühende Kohle.

Ohne Räucherkohle:

Gib die Kräutermischung in ein feuerfestes Gefäß.

Zünde die Kräuter direkt an, blase die Flamme vorsichtig aus, sodass die Kräuter langsam glimmen und rauchen.

Beginne in einer Ecke des Raumes und bewege dich im Uhrzeigersinn um den Raum herum, während du die Schale mit der glimmenden Räuchermischung trägst.

Während du räucherst, kannst du ein Gebet sprechen, meditieren oder einfach still deine Absicht festhalten, den Raum zu reinigen und zu schützen.

Konzentriere dich darauf, wie der Rauch alte Energien aufnimmt und sie hinausträgt, während frische, reine Energie den Raum füllt.

Abschluss des Rituals:

Stelle die Räucherschale sicher ab und lass sie vollständig ausbrennen.

Schließe das Ritual mit Dankbarkeit oder einem Gebet ab.

Lasse die Fenster oder Türen noch eine Weile geöffnet, um den energetischen Austausch zu fördern.

Dieses einfache Räucherritual mit Mutterkraut und Salbei ist eine kraftvolle Methode, um deinen Raum energetisch zu klären, schützende Energien einzuladen und eine Atmosphäre der Ruhe und Klarheit für spirituelle Praktiken zu schaffen.

Platz für deine Notizen:

Mariendistel

Mariendistel

Die Mariendistel trägt viele Namen – Christi Krone, Donnerdistel, Frauendistel – und ist in der Unterfamilie der Korbblütler zu finden. Ihre faszinierende Geschichte und spirituelle Bedeutung wurzeln tief in alten Legenden und kulturellen Überlieferungen, die ihr mystische und heilende Kräfte zuschreiben.

Der Name der Mariendistel ist eng mit einer berührenden Legende verbunden. Es wird erzählt, dass während der Flucht nach Ägypten die Jungfrau Maria das Jesuskind stillte und dabei einige Tropfen ihrer Milch auf die Blätter einer unscheinbaren Distel fielen. Diese Tropfen hinterließen weiße Streifen auf den grünen Blättern, ein Zeichen, das die Pflanze zu Ehren Marias für immer bewahren sollte. Diese marmorierten Blätter sind bis heute ein charakteristisches Merkmal der Mariendistel und symbolisieren **Reinheit** und **göttlichen Segen.**

Die Mariendistel wird oft mit der Silberdistel verwechselt, dem schottischen National-Symbol. Die Legende besagt, dass die Schottische Distel den Schotten half, eine Invasion der Wikinger abzuwehren. Ein unbekannter Wikinger soll sich im Dunkeln an die Distel gestoßen haben und vor Schmerz aufgeschrien haben, wodurch die Schotten gewarnt wurden und sich auf den Angriff vorbereiten konnten. Dieses Ereignis festigte die Distel als Symbol des Schutzes und der Wachsamkeit in Schottland.

So stehen beide Distelarten für **Schutz** und **Stärke**.

Schon in der Antike wurde die Mariendistel als Heilpflanze geschätzt und unter dem Namen „Pternix“ in medizinischen Schriften erwähnt.

In Mitteleuropa wurde sie vor allem durch Hildegard von Bingen bekannt, die ihre vielseitigen heilenden Eigenschaften lobte. Sie verwendete Wurzeln, Kraut und Früchte der Mariendistel zur Behandlung von **Fieber, Wassersucht** und **Brustkrankheiten**.

In der Volksmedizin wurde die Mariendistel oft in **Schutz- und Reinigungsritualen** verwendet. Ein alter Volksglaube besagt, dass die stachlige Pflanze nicht auf dem Ofen einer Wirtsstube aufbewahrt werden sollte, da sie sonst Streit unter den Gästen verursachen könnte. Dies deutet auf ihre starke energetische Präsenz und die Fähigkeit hin, **Emotionen** zu **beeinflussen**.

Heute ist die Mariendistel vor allem für ihre herausragende Rolle in der **Lebergesundheit** bekannt. Sie ist das einzige bekannte Naturheilmittel, das die **Regeneration** von **Leberzellen** anregen kann, was sie zu einem wertvollen Mittel bei Leberschwellungen, **Hepatitis** und anderen Lebererkrankungen macht. Ihre krampflösenden und entspannenden Eigenschaften machen sie auch zu einem wichtigen Kraut in der Behandlung von **Verdauungsbeschwerden**, Kopfschmerzen, **Migräne** und **Schlaflosigkeit**.

Aufgrund ihrer beruhigenden Wirkung wird die Mariendistel auch in der Praxis der Trauminduktion geschätzt. Sie kann in Tees oder als Bestandteil von Räucherwerk verwendet werden, um entspannte Zustände zu fördern, die das Eintauchen in luzide Träume erleichtern. Ihre energetische Qualität unterstützt die spirituelle **Klarheit** und kann helfen, die mentale und physische Ebene auf tiefgreifende Traumerfahrungen vorzubereiten.

Kurz und knapp:

Leberschutz: Unterstützt die Leber bei der Regeneration und schützt sie vor Toxinen, einschließlich Alkohol und Umweltgiften.

Antioxidativ: Enthält ein starkes Antioxidans, das freie Radikale bekämpft und den Körper vor Zellschäden schützt.

Förderung der Verdauung: Hilft bei der Behandlung von Verdauungsstörungen, fördert die Gallenproduktion und unterstützt die Verdauung.

Entzündungshemmend: Wirkt entzündungshemmend und kann bei der Behandlung von Erkrankungen wie Arthritis und Hautentzündungen hilfreich sein.

Schutz: Traditionell verwendet, um schützende Barrieren gegen negative Energien zu schaffen.

Reinigung: Unterstützt spirituelle Reinigungsrituale, um körperliche und seelische Giftstoffe zu entfernen.

Stärkung der weiblichen Energie: Wird oft in Ritualen verwendet, um die feminine Kraft und Gesundheit zu fördern.

Konsummethoden

Teezubereitung:

Mariendistelsamen leicht zermahlen und mit heißem Wasser überbrühen, um einen heilenden Tee zu bereiten, der die Leber unterstützt und zur spirituellen Reinigung beiträgt.

Kann mit Kräutern wie Löwenzahn oder Kurkuma kombiniert werden, um die Entgiftung und den Schutz zu verstärken.

Tinkturen:

Auszüge aus Mariendistelsamen in Alkohol einlegen, um eine Tinktur herzustellen, die konzentrierte heilende Eigenschaften besitzt.

Einige Tropfen täglich einnehmen, um die Leber zu stärken.

Räucherungen:

Kann in Räuchermischungen verwendet werden, um eine schützende und reinigende Atmosphäre zu schaffen, die die Meditation und andere spirituelle Praktiken unterstützt.

Bäder:

Mariendistelsamen oder -blätter können zu Badezusätzen verarbeitet werden, um reinigende und schützende Bäder zu bereiten, die sowohl den Körper als auch die Aura klären.

Mariendistel-Baderitual

Zutaten:

1/4 Tasse getrocknete Mariendistelsamen

1/4 Tasse Meersalz

Einige Tropfen ätherisches Lavendelöl (optional für zusätzliche Entspannung)

1 Tasse Milch (optional, als Emulgator für das ätherische Öl und für zusätzliche Weichheit der Haut)

Frische oder getrocknete Blüten wie Rosenblätter oder Ringelblumen (optional für ästhetische und energetische Zwecke)

Ein großes Sieb oder ein Stoffbeutel für die Mariendistelsamen

Vorbereitung des Rituals:

Beginne damit, deinen Badebereich physisch zu reinigen. Stelle sicher, dass die Atmosphäre ruhig und einladend ist.

Du kannst den Raum energetisch reinigen, indem du etwas Salbei räucherst oder ein Räucherstäbchen anzündest.

Fülle die Badewanne mit für dich ideal warmem Wasser.

Gib die Mariendistelsamen in das Sieb oder den Stoffbeutel und hänge sie ins Badewasser, sodass die Inhaltsstoffe langsam ins Wasser abgeben werden können.

Löse das Salz im Badewasser auf, was helfen wird, den Körper energetisch zu reinigen und zu entgiften.

Wenn verwendet, mische das ätherische Öl mit der Milch und verteile diese Mischung gleichmäßig im Badewasser.

Streue optional frische oder getrocknete Blüten ins Wasser, um die sensorische Erfahrung und die energetische Wirkung zu verstärken.

Durchführung des Rituals:

Bevor du in die Badewanne steigst, halte einen Moment inne und setze eine klare Absicht für dieses Ritual. Du kannst darum bitten, alle negativen Energien loszulassen und Heilung auf körperlicher sowie spiritueller Ebene zu empfangen.

Steige langsam in das Bad und erlaube dir, tief zu entspannen. Schließe die Augen und konzentriere dich auf deine Atmung.

Während du im Bad entspannst, meditiere oder führe eine geführte Visualisierung durch. Stelle dir vor, wie alle körperlichen und emotionalen Lasten von dir abgewaschen werden und wie dein Körper durch die heilenden Eigenschaften der Mariendistel genährt wird.

Nutze diese Zeit, um tief in dich zu gehen und auf das zu hören, was dein Körper und Geist dir sagen.

Abschluss des Rituals:

Wenn du bereit bist, das Bad zu beenden, stehe langsam auf und lasse das Wasser ablaufen. Während das Wasser abfließt, stelle dir vor, wie alle negativen Energien und Belastungen in den Abfluss gespült werden.

Trockne dich sanft ab und ziehe bequeme Kleidung an.

Trinke ein Glas Wasser oder einen entspannenden Tee, um deinen Körper zu rehydrieren.

Dieses Baderitual mit Mariendistel ist eine kraftvolle Methode, um sowohl physische als auch spirituelle Reinigung und Erneuerung zu erleben, und kann idealerweise am Abend vor dem Schlafengehen durchgeführt werden, um maximale Entspannung

Passionsblume

Passionsblume

Stell dir vor, du trittst in eine Welt, in der Pflanzen nicht nur wegen ihrer Schönheit oder ihres medizinischen Nutzens geschätzt werden, sondern auch wegen ihrer tiefen spirituellen Bedeutung. Die Passionsblume, oder Passiflora, ist ein solches Gewächs, dessen Faszination weit über das Visuelle hinausgeht. Ursprünglich aus den tropischen Regionen Amerikas stammend, hat diese Pflanze die Herzen und Geister der Menschen durch ihre einzigartige Symbolik und ihre **beruhigenden Eigenschaften** erobert.

Die Passionsblume trägt ihren Namen aufgrund ihrer tiefen symbolischen Verbindung zur Passion Christi. Frühe christliche Missionare in Südamerika interpretierten die einzigartigen Strukturen ihrer Blüten als **Symbole** des **Leidenswegs Christi**. Die zehn Blütenblätter repräsentieren die zehn treuen Apostel, die Nebenkrone erinnert an die Dornenkrone, die Staubblätter symbolisieren die fünf Wunden Christi, und die drei Griffel stehen für die Kreuznägel. Selbst die Ranken der Pflanze wurden als Symbole für die Geißeln gesehen. Diese tiefe symbolische Verknüpfung mit den zentralen Elementen des christlichen Glaubens gab der Passiflora ihren Namen – „die Leidenschaft des Herrn tragend“ und verleiht der Passionsblume eine besondere Rolle in spirituellen und rituellen Kontexten, insbesondere in den Osterfeierlichkeiten.

In der traditionellen Medizin der Ureinwohner Amerikas wurde die Passionsblume nicht nur wegen ihrer beruhigenden Wirkung geschätzt, sondern auch als ein Mittel zur **spirituellen Reinigung** und zur Förderung des **seelischen Gleichgewichts** eingesetzt. Ihre Fähigkeit, die **Nerven** zu **beruhigen** und den Geist zu **entspannen**, machte sie zu einem wichtigen Bestandteil von Ritualen, die auf Heilung und spirituelle Erkenntnis abzielten.

Die entspannenden und **angstlösenden** Eigenschaften der Passionsblume machen sie zu einem idealen Hilfsmittel für die Vorbereitung auf Meditation und luzides Träumen. Indem sie hilft, den Geist zu beruhigen und den Körper zu entspannen, ermöglicht sie ein tieferes Eintauchen in meditative Zustände und unterstützt die Fähigkeit, sich seiner Träume bewusst zu werden und sie zu steuern.

Die Passionsblume ist ein bemerkenswertes Beispiel dafür, wie Pflanzen in der Lage sind, nicht nur unseren Körper, sondern auch unsere Seele zu nähren. Ihre Nutzung in spirituellen Praktiken und als Heilpflanze verbindet alte Traditionen mit moderner Herbalismus-Praxis und bietet eine Brücke zwischen der physischen und der metaphysischen Welt.

Kurz und knapp:

Beruhigende Wirkung: Die Passionsblume ist bekannt für ihre beruhigenden Eigenschaften, die helfen können, Stress und allgemeine Anspannungen zu reduzieren. Sie wirkt als natürliches Beruhigungsmittel, ohne die Nebenwirkungen von verschreibungspflichtigen Medikamenten.

Fördert den Schlaf: Aufgrund ihrer sedierenden Wirkung wird Passionsblume oft zur Behandlung von Schlafproblemen eingesetzt. Sie kann helfen, die Schlafqualität zu verbessern und die Einschlafzeit zu verkürzen, indem sie den Geist beruhigt und den Körper entspannt.

Angstlösung und Depression: Passionsblume hat eine angstlösende Wirkung und wird in der Behandlung von leichten bis moderaten Angstzuständen verwendet. Sie kann ebenfalls unterstützend bei der Behandlung depressiver Verstimmungen wirken, indem sie zur Wiederherstellung eines emotionalen Gleichgewichts beiträgt.

Schutz vor oxidativem Stress: Die in der Passionsblume enthaltenen Flavonoide und andere Antioxidantien können helfen, den Körper vor freien Radikalen und deren schädlichen Auswirkungen zu schützen.

Krampflösende Wirkung: Die krampflösenden Eigenschaften der Passionsblume machen sie nützlich bei der Behandlung von Beschwerden wie Menstruationskrämpfen und anderen muskulären Krämpfen.

Konsummethoden

Teezubereitung:

Trockene Passionsblumenblätter und -blüten werden mit heißem Wasser überbrüht und einige Minuten ziehen gelassen. Dieser Tee kann vor dem Schlafengehen getrunken werden, um eine ruhige Nacht und erleichtertes Einschlafen zu fördern.

Tinktur:

Ein Extrakt aus Passionsblume in Alkohol oder Glycerin kann mehrmals täglich in kleinen Dosen genommen werden, um Nervosität zu reduzieren und eine entspannte Stimmung zu fördern.

Vaporisierung:

Getrocknetes Passionsblumenkraut kann in einem Vaporizer bei einer Temperatur von 150-170°C verdampft werden. Diese Methode ermöglicht eine schnelle Aufnahme der Wirkstoffe und wirkt besonders entspannend und beruhigend.

Rezept für Tee mit Passionsblume

Zutaten:

2 Teelöffel getrocknete Passionsblumenkraut

1 Teelöffel getrocknete Melisse

1 Teelöffel getrockneter Lavendel

1 Teelöffel Honig (optional, zur Süßung)

250 ml kochendes Wasser

Teezubereitung:

Mische die getrockneten Kräuter (Passionsblume, Melisse und Lavendel) in einer Teekanne.

Übergieße die Kräutermischung mit 250 ml kochendem Wasser.

Lasse den Tee für etwa 10-15 Minuten zugedeckt ziehen. Eine längere Ziehzeit sorgt dafür, dass die beruhigenden Öle und Wirkstoffe der Kräuter sich vollständig entfalten können.

Seihe den Tee durch ein feines Sieb, um die Kräuter zu entfernen.

Süße den Tee nach Geschmack mit einem Teelöffel Honig. Dies ist optional, kann aber helfen, den Geschmack zu mildern und die entspannende Wirkung zu verstärken.

Trinke den Tee etwa 30-60 Minuten vor dem Schlafengehen.

Dies gibt den Wirkstoffen Zeit, im Körper zu wirken und den Geist zu beruhigen, was die Vorbereitung auf luzides Träumen unterstützt.

Wirkung:

Passionsblume ist bekannt für ihre beruhigenden und angstlösenden Eigenschaften, was sie ideal macht, um den Geist vor dem Schlafen zu entspannen.

Melisse hat eine leichte sedative Wirkung und unterstützt zusätzlich die Entspannung und Stressreduktion.

Lavendel ist nicht nur für seinen angenehmen Duft bekannt, sondern auch für seine Fähigkeit, den Schlaf zu fördern und die Nerven zu beruhigen.

Dieser Tee ist eine wunderbare natürliche Unterstützung um die Traumerfahrungen zu verbessern. Er kann helfen, den mentalen Zustand zu erreichen, der für das Erleben von luziden Träumen förderlich ist.

Pfefferminze

Pfefferminze

Tauche ein in die duftende Welt der Pfefferminze, einer Pflanze, die nicht nur durch ihren erfrischenden Geschmack besticht, sondern auch durch eine tiefgründige kulturelle und spirituelle Geschichte. Die Pfefferminze, mit ihrem hohen Mentholgehalt und charakteristischen, **scharfen Aroma**, ist mehr als nur eine Heil- und Gewürzpflanze; sie ist ein Symbol für **Erneuerung** und **magische Kraft.**

Die Wurzeln der Pfefferminze reichen weit in die Mythologie zurück, besonders in die Geschichten des antiken Griechenlands. Die Legende von Minthe, einer Nymphe, die die Aufmerksamkeit des Unterweltsgottes Hades auf sich zog, ist eng mit dem Ursprung der Pfefferminze verbunden. (Siehe Katzenminze)

Aus Eifersucht verwandelte Hades' Frau, Persephone, Minthe in eine niedrig wachsende Pflanze, die Pfefferminze. Diese Verwandlung symbolisiert **Transformation** und **Wiedergeburt**, Themen, die in vielen Kulturen mit der Pfefferminze assoziiert werden.

In der Zauberei und Hexenkunst wird die Pfefferminze oft mit der Göttin Hekate in Verbindung gebracht, der **Beschützerin** der **Magie** und des geheimen Wissens. Minze wurde traditionell in **Schutzzaubern** und **Reinigungsritualen** verwendet, um negative Energien zu vertreiben und einen klaren, **heiligen Raum zu schaffen**.

Die Pfefferminze wird seit Jahrhunderten für ihre vielfältigen medizinischen Eigenschaften geschätzt:

Pfefferminze stimuliert den Gallenfluss und unterstützt die **Verdauung,** was sie zu einem ausgezeichneten Mittel gegen Magen-Darm-Beschwerden macht.

Die ätherischen Öle der Pfefferminze besitzen starke **antibakterielle**, **antivirale** und **antifungale** Eigenschaften.

Zu dem wird sie häufig zur Linderung von **Kopfschmerzen** und Migräne verwendet sowie zur **Beruhigung** von **Nervenschmerzen**.

Ihre **schleimlösenden** und befreienden Effekte auf die Atemwege machen sie zu einem idealen Heilmittel bei Erkältungen und Bronchitis.

Räucherungen mit Pfefferminzblättern reinigen den Raum und schaffen eine Atmosphäre der Klarheit und des Schutzes.

Der Duft der Pfefferminze hilft, den **Geist zu wecken** und die Konzentration zu steigern, was besonders nützlich bei der Vorbereitung auf Meditationen oder spirituelle Arbeiten ist.

Kurz und knapp:

Verdauungsförderung: Lindert Symptome des Reizdarmsyndroms wie Blähungen, Krämpfe und Durchfall.

Unterstützt die Gallenproduktion und verbessert die Verdauungsfunktion.

Schmerzlinderung: Wirksam bei Spannungskopfschmerzen und Migräne durch kühlende Wirkung des Menthols.

Hilft bei Muskelschmerzen und Verspannungen durch äußerliche Anwendung von Pfefferminzöl.

Atemwegserkrankungen: Befreit verstopfte Nasen und lindert Symptome durch Inhalation.

Wirkt schleimlösend und beruhigend bei Husten und Bronchitis.

Antimikrobielle Eigenschaften: Das ätherische Öl der Pfefferminze hat antibakterielle, antivirale und antifungale Effekte, die zur allgemeinen Infektionsabwehr beitragen.

Mentale Klarheit und Energie: Steigert die Konzentrationsfähigkeit und geistige Wachheit.

Erfrischt und belebt den Geist, ideal bei geistiger Ermüdung.

Spirituelle Reinigung: Räuchern von Pfefferminze reinigt den Raum von negativer Energie und fördert eine klare, positive Atmosphäre.

Wird oft in Reinigungsritualen verwendet, um Schutz und spirituelle Klarheit zu schaffen.

Förderung der geistigen Klarheit: Der Duft der Pfefferminze stimuliert das dritte Auge und fördert die Intuition sowie die spirituelle Wahrnehmung.

Unterstützt meditative Praktiken durch Förderung eines fokussierten und klaren Geisteszustands.

Schutzzauber: In vielen Kulturen wird Pfefferminze verwendet, um Schutz vor negativen Einflüssen zu bieten.

Pflanzen von Pfefferminze im Garten oder um das Haus herum soll Schutz vor bösen Geistern und Pech bringen.

Förderung der Kommunikation: Unterstützt die klare Kommunikation in Ritualen und spirituellen Zirkeln.

Wird verwendet, um die Fähigkeit zu verbessern, spirituelle Botschaften zu empfangen und zu interpretieren.

Der beruhigende Effekt der Pfefferminze hilft, einen entspannten Schlafzustand zu fördern, was das Eintreten in luzide Träume erleichtern kann.

Wird als Tee vor dem Schlafengehen getrunken, um Traumerinnerungen zu verbessern und die Traumklarheit zu erhöhen.

Konsummethoden

Teezubereitung:

Ein Aufguss aus frischen oder getrockneten Pfefferminzblättern wirkt erfrischend und heilend.

Ätherisches Öl:

Zur äußerlichen Anwendung bei Kopfschmerzen oder zum Inhalieren bei verstopften Atemwegen.

Vaporizer: Getrocknetes Pfefferminzkraut kann verdampft werden, um seine beruhigenden Dämpfe freizusetzen, die bei Temperaturen von 150-180°C besonders effektiv sind.

Schutzzauber-Ritual mit Pfefferminze

Materialien:

Frische oder getrocknete Pfefferminzblätter

Eine weiße oder grüne Kerze (Grün steht für Heilung und Schutz)

Ein kleines Schälchen oder eine feuerfeste Schale

Streichhölzer oder ein Feuerzeug

Eine kleine Menge Salz

Vorbereitung des Rituals:

Beginne damit, den Raum, in dem das Ritual durchgeführt wird, physisch zu reinigen. Entferne Unordnung und alles, was negative Energie symbolisieren könnte.

Räuchere den Raum leicht mit Pfefferminze, indem du einige Blätter in einer feuerfesten Schale anzündest und den Rauch sanft im Raum verteilst, um negative Energien zu vertreiben.

Stelle die Kerze in die Mitte eines Tisches oder einer anderen Oberfläche, die als Altar dienen wird.

Platziere die Pfefferminzblätter und das Salz um die Kerze herum.

Durchführung des Rituals:

Zünde die Kerze mit dem Feuerzeug oder den Streichhölzern an und stelle dir vor, wie ihr Licht einen schützenden Schild um dich oder den Raum bildet.

Sprich dabei diesen einfachen Zauberspruch:

„Mit dem Licht dieser Flamme und der Kraft der Pfefferminze rufe ich Schutz von allen Seiten herbei. Möge dieser Schutz stark und undurchdringlich sein.“

Nimm die Pfefferminzblätter in deine Hand und halte sie kurz über die Flamme (nicht so nah, dass sie Feuer fangen), um ihre Energie zu aktivieren.

Verstreue dann die Blätter um die Kerze herum und wiederhole dabei den Zauberspruch, um den Schutzzauber zu stärken.

Streue eine dünne Linie Salz um die Kerze und die Pfefferminzblätter, um eine physische Barriere zu schaffen, die symbolisch weitere Schutzkräfte anzieht und Negativität abwehrt.

Abschluss des Rituals:

Sitze einige Minuten in Stille vor der Kerze und den Pfefferminzblättern und visualisiere, wie ein grünes, beruhigendes Licht von ihnen ausgeht und den Raum oder dich selbst mit Schutzenergie umhüllt.

Bedanke dich bei der Pfefferminze und der Kerze für ihren Schutz.

Lass die Kerze sicher abbrennen, oder lösche sie vorsichtig, wenn du den Raum verlassen musst.

Hebe die Pfefferminzblätter und das Salz auf und bewahre sie als Schutzamulett oder verstreue sie draußen in der Natur als Dank.

Dieses Ritual kann regelmäßig durchgeführt werden, besonders wenn du das Gefühl hast, dass zusätzlicher Schutz benötigt wird, oder während der Neumondphasen, die traditionell Zeiten für neue Anfänge und Reinigungen sind.

Rauschminze

Rauschminze

Die Rauschminze fasziniert durch ihre tiefe Verwurzelung in alten Traditionen, die weit über ihre Heimat in den Steppen Turkestans, Turkmenistans und Usbekistans hinausreichen. Diese seltene Pflanze, die in der Familie der Lippenblütler ihren Platz findet, ist für ihre subtil **psychoaktiven** Eigenschaften bekannt und trägt ein reiches Erbe sowohl in der Volksmedizin als auch in spirituellen Praktiken.

Die Rauschminze trägt in ihrer Geschichte eine reiche symbolische Bedeutung, die in der mythischen Figur der Minthe, einer Nymphe aus der griechischen Mythologie, verwurzelt ist. Laut Überlieferung wurde Minthe wegen ihrer Liebe zum Unterweltsgott Hades von dessen eifersüchtiger Frau Persephone in eine Pflanze verwandelt. (Siehe Katzenminze)

Diese Geschichte der **Transformation** und Verbindung mit dem Göttlichen findet sich auch in der Wirkung der Rauschminze wieder, die nicht nur den Körper, sondern auch den Geist berührt und in einen Zustand **sanfter Euphorie** versetzt.

In der traditionellen Nutzung durch die Völker Zentralasiens wird der Rauschminze eine wichtige Rolle in rituellen Praktiken zugeschrieben. Ihre leichten, **euphorisierenden** und **beruhigenden Effekte** machen sie zu einem idealen Mittel für Rituale und Zeremonien, die darauf abzielen, **meditative Zustände** zu erreichen und spirituelle Erkenntnisse zu fördern. Sie dient als Brücke zwischen der physischen Welt und den subtilen Ebenen des Bewusstseins, was sie besonders wertvoll für Schamanen und spirituelle Heiler macht.

Die Blätter der Rauschminze werden oft in rituellen **Rauchzeremonien** verwendet, um eine Atmosphäre der Entspannung und des spirituellen Wohlgefühls zu schaffen. Dieser Rauch wird als Mittel genutzt, um den Geist zu öffnen, die Wahrnehmung zu schärfen und eine Verbindung zu höheren spirituellen Ebenen herzustellen. In dieser Funktion kann Rauschminze helfen, die Türen zur Wahrnehmung zu erweitern und die spirituelle Reise zu unterstützen.

Dank ihrer **entspannenden** und l**eicht narkotischen** Wirkung ist die Rauschminze auch eine beliebte Wahl für die Vorbereitung auf luzide Träume. Sie hilft, den Geist zu beruhigen und den Körper zu **entspannen**, was essentiell ist, um in den Zustand zu gelangen, in dem luzides Träumen möglich wird. Eine Tasse Tee aus Rauschminzblättern vor dem Schlafengehen kann die Traumklarheit verbessern und die Wahrscheinlichkeit erhöhen, dass man sich an seine Träume erinnert und sie bewusst steuern kann.

Neben ihrer spirituellen Bedeutung wird Rauschminze in der Volksmedizin zur Behandlung von **Allergien, Hautkrankheiten** und **Blutgerinnseln** eingesetzt. Ihre krampflösenden Eigenschaften machen sie zudem nützlich bei der Behandlung von **Magen-Darm-Beschwerden** und muskulären Krämpfen.

Trotz ihrer vielen Vorteile ist **Vorsicht** geboten, da über die Nebenwirkungen von Rauschminze wenig bekannt ist. Symptome wie Schwindel, Übelkeit und ungewollte Schläfrigkeit können auftreten, besonders bei Überdosierung. Der Mischkonsum mit anderen sedierenden Substanzen sollte vermieden werden, um unerwünschte Wechselwirkungen zu vermeiden.

Kurz und knapp:

Beruhigende Wirkung: Hilft bei der Reduktion von Stress und fördert die Entspannung.

Wirkt mild euphorisierend und kann bei der Behandlung von Angstzuständen hilfreich sein.

Krampflösend: Unterstützt die Linderung von Magen-Darm-Beschwerden wie Krämpfen und Blähungen.

Kann bei muskulären Verspannungen und Krämpfen lindernd wirken.

Unterstützung der Atemwege: Kann bei Erkältungen und Bronchitis durch ihre beruhigenden Eigenschaften helfen.

Unterstützt das freie Atmen durch Linderung der Atemwegsirritationen.

Förderung von Meditation: Unterstützt tiefe Meditation und fördert geistige Klarheit.

Kann in spirituellen Ritualen verwendet werden, um die Verbindung zum Höheren Selbst zu stärken.

Energetische Reinigung: Wird in Räucherzeremonien verwendet, um negative Energien zu klären und Schutz zu bieten.

Schafft eine Atmosphäre der Reinheit und des Friedens.

Konsummethoden

Teezubereitung:

Die getrockneten Blätter der Rauschminze können als Tee aufgebrüht werden, der besonders vor dem Schlafengehen genossen, zur Entspannung und als Vorbereitung auf den Schlaf dient.

Kann mit Lavendel oder Kamille kombiniert werden, um die beruhigenden Effekte zu verstärken.

Aromatherapie:

Ätherisches Öl der Rauschminze kann im Diffuser verwendet werden, um eine beruhigende Atmosphäre zu schaffen und die Luft zu reinigen.

Räucherwerk:

Getrocknete Rauschminze kann in Räuchermischungen integriert werden, um Räume energetisch zu reinigen und eine meditative Umgebung zu fördern.

Rezept für Rauschminze-Tee

Zutaten:

2 Teelöffel getrocknete Rauschminzblätter

250 ml kochendes Wasser

Honig oder ein anderes Süßungsmittel nach Geschmack (optional)

Zitronenscheibe oder ein paar frische Minzblätter zur Garnierung (optional)

Zubereitung:

Messe etwa 2 Teelöffel der getrockneten Rauschminzblätter ab. Diese Menge kann je nach gewünschter Stärke des Tees leicht angepasst werden.

Bringe 250 ml Wasser zum Kochen. Übergieße die getrockneten Rauschminzblätter mit dem kochenden Wasser in einer Teekanne oder einem großen Teeglas.

Lasse den Tee etwa 5-10 Minuten ziehen, damit sich die Aromen und Wirkstoffe voll entfalten können. Je länger der Tee zieht, desto stärker wird die Wirkung.

Seihe den Tee durch ein feines Sieb in eine Tasse, um die Blätter zu entfernen.

Wenn gewünscht, kannst du den Tee mit etwas Honig süßen oder eine Zitronenscheibe hinzufügen, um den Geschmack zu verfeinern.

Eine Garnierung mit frischen Minzblättern kann das Aroma verstärken.

Genieße den Rauschminztee warm, um seine vollständigen entspannenden und beruhigenden Effekte zu erleben. Er ist besonders wirksam am Abend, da er dabei helfen kann, den Körper auf den Schlaf vorzubereiten und die Gedanken zu beruhigen.

Dieser Tee kann regelmäßig vor dem Schlafengehen oder zu jedem Zeitpunkt, wenn Entspannung benötigt wird, genossen werden. Er bietet eine natürliche und sanfte Möglichkeit, Stress abzubauen und das Wohlbefinden zu fördern und so die Möglichkeit für luzide Träume zu erhöhen.

Platz für deine Notizen:

Sandmalve

Sandmalve

Entdecke die faszinierende Welt der Sandmalve, auch bekannt als Indische Malve. Eine Pflanze, die tief in den traditionellen Heilpraktiken und spirituellen Ritualen der westindischen Inseln, Afrikas und Brasiliens verwurzelt ist. Ihre Geschichte reicht über 2000 Jahre zurück, in denen sie nicht nur als Heilpflanze, sondern auch als Symbol für **Heilung** und **Schutz** verehrt wurde.

Die Sandmalve ist in der Mythologie weniger bekannt, doch ihre tiefe Verbindung zur Erde und ihre **lebensspendenden** Eigenschaften haben in den Kulturen, in denen sie heimisch ist, zu einer Verehrung geführt, die fast schon heilig ist. In der **Ayurveda**, einer der ältesten durchgehenden medizinischen Traditionen, wird sie als ein **Verjüngungsmitte**l angesehen, das die Vitalität stärkt und das **Herz-Kreislauf-System** nährt. Ihre Wurzeln und Samen, die natürliche **Amphetamine** enthalten, werden in rituellen Praktiken verwendet, um das **Bewusstsein** zu **erweitern** und den Körper zu stärken, was sie zu einem wichtigen Bestandteil spiritueller Zeremonien macht.

Die **euphorisierende** Wirkung der Sandmalve macht sie zu einem wertvollen Instrument in der Arbeit mit Träumen und Visionen. Ihre Fähigkeit, das Bewusstsein zu erweitern und gleichzeitig eine Verbindung zum physischen Körper zu bewahren, wird oft genutzt, um

Spirituelle Visionen und Träume zu fördern, die tiefgreifende Einsichten und Erleuchtungen bringen können,

Meditationen zu vertiefen, indem sie hilft, geistige Ruhe und körperliche Entspannung zu erreichen und energetische Reinigungen durchzuführen, da ihre **entzündungshemmenden** und **fiebersen-**

kenden Eigenschaften symbolisch zur "**Kühlung**" und Beruhigung von emotionalen und spirituellen "Entzündungen" genutzt werden.

Kurz und knapp:

Entzündungshemmende und **fiebersenkende** Eigenschaften:

Effektiv bei der Behandlung von Entzündungen, Fieberzuständen und einer Vielzahl von Infektionskrankheiten.

Aphrodisierend: Die Samen werden wegen ihrer stimulierenden Eigenschaften geschätzt und in der Behandlung von Libidoverlust und anderen sexuellen Dysfunktionen eingesetzt.

Herz-Kreislauf-Stimulation: Während sie bei bestehenden Herzproblemen mit Vorsicht zu genießen ist, kann sie bei gesunden Personen die Kreislauffunktion stärken.

Antibakteriell: Ihre antibakteriellen Eigenschaften machen sie zu einem effektiven Mittel gegen Husten und Blasenentzündungen.

Konsummethoden

Teezubreitung:

Ein Aufguss aus den Blättern oder Wurzeln der Sandmalve kann täglich genossen werden, um von ihren gesundheitlichen Vorteilen zu profitieren.

Vaporisieren:

Für eine sofortige und intensive Wirkung können getrocknete Pflanzenteile bei einer Temperatur von 175-200°C verdampft werden.

Die Sandmalve ist mehr als nur eine Pflanze; sie ist ein Zeichen für die tiefen Verbindungen zwischen Mensch, Natur und dem Geistigen. Ihre vielfältigen Anwendungen sowohl in der traditionellen Medizin als auch in spirituellen Praktiken machen sie zu einem wertvollen Verbündeten für all jene, die sowohl körperliches als auch seelisches Wohlbefinden suchen.

Ritual für luzides Träumen oder Meditation mit Sandmalve-Tee

Zutaten:

1-2 Teelöffel getrocknete Sandmalve (Blätter oder Wurzeln)

250 ml kochendes Wasser

Honig oder ein anderes Süßungsmittel nach Geschmack (optional)

Eine Zitronenscheibe (optional, zur Geschmacksverbesserung und zusätzlichen Entspannung)

Zubereitung:

Messe die getrocknete Sandmalve ab. Nutze eher die geringere Menge, wenn du die Wirkung zum ersten Mal testest.

Bringe das Wasser zum Kochen und gieße es über die Sandmalve in einer Teekanne oder einem großen Teebecher.

Lasse den Tee etwa 10-15 Minuten ziehen, damit sich die aktiven Inhaltsstoffe vollständig entfalten können.

Seihe den Tee ab und füge bei Bedarf Honig oder eine Zitronenscheibe hinzu.

Finde einen ruhigen, entspannten Ort, an dem du ungestört sein kannst.

Bereite deinen Schlafplatz oder Meditationsbereich vor, indem du eine angenehme und störungsfreie Umgebung schaffst.

Trinke den Sandmalve-Tee etwa 30-60 Minuten vor dem Schlafengehen oder vor der Meditation. Dies gibt den Wirkstoffen Zeit, im Körper zu wirken.

Entspannungstechniken:

Während du den Tee trinkst, praktiziere leichte Entspannungstechniken wie tiefes Atmen, sanftes Dehnen oder das Hören beruhigender Musik.

Intention setzen:

Setze eine klare Absicht für deine Meditation oder deine Traumarbeit.z.B.: **„Ich öffne mich für tiefe Einsichten und klare Träume."**

Begib dich in eine meditative Praxis oder lege dich schlafen, während du dich auf deine Absicht konzentrierst.

Dieses Ritual nutzt die natürlichen entspannenden Eigenschaften der Sandmalve, um den Geist und den Körper auf eine tiefgreifende spirituelle Erfahrung vorzubereiten. Durch regelmäßige Anwendung kannst du die Qualität deiner Meditationen oder die Klarheit deiner Träume verbessern.

Wermut

Wermut

Der Wermuts, auch bekannt als Bitterer Beifuß, Alsem oder Artemisia, eine Pflanze, die nicht nur in der Heilkunst eine tiefe historische Verwurzelung besitzt, sondern auch reich an spirituellen und mythologischen Bedeutungen ist.

Diese robuste Staude aus der Familie der Korbblütler, heimisch in den gemäßigten Regionen Eurasiens bis hin zu den entfernten Ecken Indiens, Marokkos und Algeriens, birgt Geschichten und Kräfte, die so vielschichtig sind wie ihr bitterer Geschmack.

Der Name „Wermut“ leitet sich vom althochdeutschen Wort „wermuota“ ab, was „Mann-Mut“ oder „Mut des Mannes“ bedeutet und sich auf die **stärkenden** und **heilenden** Eigenschaften der Pflanze bezieht. Der Beiname „Absinthium“, der international gebräuchliche wissenschaftliche Name für Wermut, stammt vom griechischen Wort „apsinthion“, was „nicht trinkbar“ bedeutet. Dies bezieht sich auf den **äußerst bitteren Geschmack** der Pflanze, der auch in der Symbolik des Wermuts als Metapher für **Bitterkeit** und **Schwierigkeiten** verwendet wird.

Der Wermut ist zu dem eng mit der **Göttin Artemis** verbunden, der jungfräulichen Göttin der Jagd und des Waldes in der griechischen Mythologie. Artemis, Göttin der Jagd, der wilden Tiere und der Unberührten Wildnis, ist auch bekannt für ihre Rolle als Beschützerin der Frauen, besonders während der **Geburt** und der Kindheit. Dies stellt eine tiefere symbolische Verbindung zum Wermut her, da dieser in der Antike oft von Hebammen verwendet wurde, um die Geburt zu erleichtern und **Menstruationsbeschwerden** zu lindern.

In Ägypten wiederum war der Wermut der Fruchtbarkeitsgöttin Bastet geweiht, was seine Rolle als **Liebeszauber** und **Fruchtbarkeitssymbol** unterstreicht. Diese tiefen mythologischen Verbindungen heben die spirituelle Kraft des Wermuts hervor, die sich in seinen vielfältigen Anwendungen manifestiert.

In alten Zeiten wurde der Wermut oft in **Schutz- und Reinigungsritualen** verwendet, um böse Geister abzuwehren und den bösen Blick zu meiden. Er galt als mächtiges Kraut gegen Hexerei und dämonische Einflüsse und wurde bei Ritualen eingesetzt, um Schutz zu bieten und negative Energien zu vertreiben.

Seine Verwendung in Kräutermützen gegen **Schlaflosigkeit** und als Bestandteil von Räucherungen zur **energetischen Reinigung** von Räumen zeigt seine vielseitige spirituelle Kraft.

Aus eigener Erfahrung kann ich sagen, dass Wermut zudem ein hervorragendes Mittel in der **Behandlung** von **COVID-19** Symptomen darstellt. Hierzu gibt es einige interessante Studien und laufende Forschungen zur Nutzung von Artemisia, insbesondere der Art Artemisia annua. Forschungen zeigen, dass Extrakte dieser Pflanze in vitro Aktivität gegen SARS-CoV-2, das Virus, das COVID-19 verursacht, aufweisen. Diese Ergebnisse wurden unter anderem durch Studien am Max-Planck-Institut für Kolloid- und Grenzflächenforschung und an der Freien Universität Berlin erzielt.

Kurz und knapp:

Verdauungsförderung: Wermut stimuliert den Appetit und fördert die Verdauung, was ihn zu einem idealen Kraut gegen Verdauungsbeschwerden macht.

Menstruationsfördernd: Seine Anwendung bei Menstruationsbeschwerden zeigt seine krampflösende und schmerzlindernde Wirkung.

Entzündungshemmend: Wermut wird zur Linderung von Kopfschmerzen, Gelbsucht und verschiedenen Entzündungen eingesetzt.

Geistige Klarheit und Schutz: Ein Ritual mit Wermut kann besonders kraftvoll sein, um geistige Klarheit zu fördern und einen spirituellen Schutzraum zu schaffen.

Konsummethoden

Teezubereitung:

Etwa 1-2 Teelöffel getrockneten Wermut mit kochendem Wasser übergießen und 5-10 Minuten ziehen lassen.

Hilfreich bei Verdauungsbeschwerden, zur Appetitanregung oder als beruhigendes Mittel vor dem Schlafengehen.

Tinktur:

Wermut in Alkohol einlegen und für einige Wochen ziehen lassen.

Einige Tropfen können zur Unterstützung der Verdauung oder bei spezifischen Beschwerden wie Menstruationskrämpfen eingenommen werden.

Ätherisches Öl:

In verdünnter Form auf die Haut auftragen oder zur Aromatherapie nutzen.

Bei Kopfschmerzen als Einreibung oder in einem Diffuser zur Luftreinigung und Verbesserung der Raumluft.

Vaporizer:

100-150°C für die effektive Verdampfung.

Schnelle Aufnahme der Wirkstoffe durch Inhalation, besonders geeignet zur Linderung von Atemwegsbeschwerden oder zur Entspannung.

Rezept für Wermut-Tee und Traumritual

Zutaten:

1-2 Teelöffel getrockneter Wermut

250 ml kochendes Wasser

Honig oder ein anderer Süßstoff (optional)

Zubereitung:

Gib den getrockneten Wermut in eine Teekanne.

Übergieße den Wermut mit dem kochenden Wasser.

Lass den Tee etwa 5-10 Minuten ziehen, je nach gewünschter Stärke.

Seihe den Tee ab und süße ihn nach Belieben.

Ritual

Finde einen ruhigen Ort, an dem du ungestört sein kannst.

Bereite deinen Schlafbereich vor, indem du für eine beruhigende Atmosphäre sorgst, vielleicht mit sanfter Musik oder gedämpftem Licht.

Trinke den Wermut-Tee etwa 30 Minuten vor dem Schlafengehen. Nutze diese Zeit, um herunterzukommen und dich auf das Erlebnis des luziden Träumens vorzubereiten.

Setze oder lege dich bequem hin und mache einige Entspannungsübungen, wie tiefes Atmen oder eine geführte Meditation. Konzentriere dich dabei auf deine Atmung und darauf, jeden Teil deines Körpers zu entspannen.

Bevor du einschläfst, setze eine klare Intention für deine Träume. Du kannst dir zum Beispiel vornehmen, dir deiner Träume bewusst zu werden und sie zu steuern.

Halte ein Traumjournal und einen Stift bereit, um jegliche Erinnerungen an Träume sofort nach dem Aufwachen aufzuschreiben.

Durch das Einbeziehen von Wermut in dein nächtliches Ritual kannst du die Qualität deiner Schlafphasen und die Intensität deiner Träume verbessern. Wermut bietet durch seine entspannenden Eigenschaften eine hervorragende Unterstützung, um den Geist zu beruhigen und für tiefere Traumerfahrungen bereit zu machen.

Platz für deine Notizen:

Zitronenmelisse

Zitronenmelisse

Die Zitronenmelisse, ist eine Pflanze, die mehr als nur ihre aromatischen Blätter und ihre Heilkraft bietet; sie trägt auch eine reiche kulturelle und spirituelle Geschichte in sich.

Ursprünglich aus dem östlichen Mittelmeerraum stammend, ist sie eine Pflanze, die auf eine tiefe mythologische Bedeutung zurückblickt und in der Volksmedizin hoch geschätzt wird.

In der Antike wurde die Zitronenmelisse mit der **Göttin Diana** verbunden, der römischen Göttin der Jagd, die mit Artemis aus der griechischen Mythologie gleichzusetzen ist. Diese Verbindung spiegelt sich in der **heilenden** und **schützenden** Natur der Melisse wider, die sie als eine Art spirituelles und physisches Heilmittel etabliert.

Einer Legende nach wurde die Melisse im Tempel der Diana verwendet, um die Göttin zu ehren und zu **besänftigen**, was die Pflanze mit göttlichen, **reinigenden** und schützenden Eigenschaften auflud.- Diana, bekannt für ihren beschützenden Charakter, insbesondere in Bezug auf Frauen und Kinder, findet in der Zitronenmelisse ein pflanzliches Pendant, das in der Volksmedizin oft zur Linderung von **Frauenleiden** und zur allgemeinen Stärkung verwendet wird.

In den antiken Kulturen, in denen Diana verehrt wurde, nutzte man die Zitronenmelisse wahrscheinlich bei **Reinigungsritualen**, um sowohl physische als auch spirituelle Reinheit zu fördern. Diese Praxis könnte in Prozessionen oder heiligen **Zeremonien** stattgefunden haben, wo die Blätter verbrannt wurden, um schützende und reinigende Rauchschwaden zu erzeugen.

Ähnlich wie Diana, die oft als **jungfräuliche Göttin** dargestellt wird, symbolisiert die Zitronenmelisse **Reinheit** und **Unberührtheit**. Ihre Verwendung in Heil- und **Schutzritualen** spiegelt das reine und unversehrte Image der Göttin wider.

Diese mythischen Aspekte der Zitronenmelisse, verbunden mit ihrer realen Heilwirkung, verstärken das Bild der Pflanze als eines heiligen Krauts, das sowohl in der antiken Medizin als auch in spirituellen Praktiken eine wichtige Rolle spielte.

Die beruhigenden Eigenschaften der Zitronenmelisse machen sie ideal für rituelle Praktiken, die auf Heilung und **seelische Beruhigung** abzielen. Im Mittelalter wurde sie von Mönchen in Klostergärten kultiviert, nicht nur wegen ihrer medizinischen Eigenschaften, sondern auch wegen ihrer Fähigkeit, eine **friedliche** und **heilige Atmosphäre** zu fördern.

Kurz und knapp:

Beruhigende Wirkung: Lindert Nervosität, Angstzustände und hilft bei Schlafstörungen.

Wirksam bei der Reduzierung von Stress und Förderung der Entspannung.

Verdauungsfördernd: Unterstützt die Verdauung und lindert Symptome wie Blähungen und Magenkrämpfe. Wirkt appetitanregend und kann bei Übelkeit helfen.

Antivirale Eigenschaften: Bekämpft Herpes-simplex-Viren und wird häufig zur Behandlung von Fieberbläschen eingesetzt.

Menstruationsbeschwerden: Lindert krampfartige Menstruationsbeschwerden durch ihre krampflösenden Eigenschaften. Wirkt schmerzlindernd und entspannend bei PMS-Symptomen.

Antioxidative Wirkung: Enthält Antioxidantien, die den Körper vor freien Radikalen schützen können. Fördert die allgemeine Zellgesundheit und das Wohlbefinden.

Förderung der Meditation: Ihr beruhigender Duft kann die Meditation vertiefen und die geistige Klarheit fördern.Wird in spirituellen Praktiken verwendet, um eine Atmosphäre der Ruhe und des Friedens zu schaffen.

Energetische Reinigung: Kann in Räuchermischungen verwendet werden, um negative Energien zu klären und Schutz zu bieten. Unterstützt die Schaffung einer harmonischen und spirituell gereinigten Umgebung.

Unterstützung des Schlafs: Ihre sedierenden Eigenschaften machen sie zu einem idealen Mittel gegen Schlaflosigkeit.

Konsummethoden

Teezubereitung:

Ein Tee aus Zitronenmelisse vor dem Schlafengehen kann helfen, das Nervensystem zu beruhigen und eine entspannte Grundlage für luzide Träume zu schaffen.

Verwende 2-3 Teelöffel getrocknete Zitronenmelisse pro Tasse kochendem Wasser, ziehen lassen für 10 Minuten.

Ätherisches Öl in der Aromatherapie:

Das ätherische Öl der Zitronenmelisse in einem Diffuser kann helfen, eine ruhige Umgebung zu schaffen, die förderlich für Meditation und spirituelle Praktiken ist.

Ein paar Tropfen Öl im Diffuser verteilen und vor dem Schlafengehen oder während der Meditation verwenden.

Räuchern:

Das Verbrennen von getrockneten Zitronenmelisseblättern als Räucherwerk kann dazu beitragen, die Energie im Raum zu klären und eine spirituelle Atmosphäre zu schaffen.

Trockene Blätter auf eine hitzebeständige Räucherschale legen und vorsichtig anzünden, den Rauch im Raum verteilen.

Geführte Meditation mit Zitronenmelisse-Tee

Zutaten:

2-3 Teelöffel getrocknete Zitronenmelisse

250 ml kochendes Wasser

Honig oder ein anderes Süßungsmittel (optional)

Frische Zitronenscheibe (optional)

Zubereitung des Tees:

Gib die getrocknete Zitronenmelisse in eine Teekanne oder einen großen Becher.

Gieße kochendes Wasser über die Kräuter und lasse den Tee 10 Minuten lang ziehen.

Seihe den Tee in eine Tasse und füge nach Geschmack Honig und eine Zitronenscheibe hinzu.

Durchführung des Rituals:

Finde einen ruhigen Ort, an dem du ungestört sein kannst. Dimme das Licht oder zünde eine Kerze an, um eine beruhigende Umgebung zu schaffen.

Trinke den Tee langsam, während du tief atmet und dich auf deine innere Stille konzentrierst.

Meditation:

Nimm einen tiefen Atemzug und schließe beim Ausatmen die Augen.

Spüre, wie dein Körper mit jedem Atemzug schwerer und entspannter wird.

Nimm einen Schluck von deinem Zitronenmelissentee.

Schmecke die Frische und spüre, wie die Wärme des Tees dich von innen heraus beruhigt.

Stelle dir vor, wie die beruhigenden Eigenschaften der Melisse deinen Geist klären und deine Gedanken zur Ruhe kommen.

Konzentriere dich auf den Moment.

Spüre, wie der Tee durch deinen Körper fließt und jede Zelle mit Wärme und Entspannung füllt.

Achte auf die Empfindungen in deinem Körper – wo fühlst du Spannung? Wo spürst du Leichtigkeit?

Stelle dir vor, wie mit jedem Atemzug ein grünes, beruhigendes Licht deinen Körper erfüllt.

Dieses Licht repräsentiert die heilende Energie der Zitronenmelisse.

Mit jedem Ausatmen, lass alle Sorgen und Stress los. Stelle dir vor, wie sie wie Rauch in die Luft aufsteigen und verschwinden.

Denke an drei Dinge, für die du heute dankbar bist. Fühle die Dankbarkeit in deinem Herzen und lass sie mit jedem Atemzug wachsen.

Nimm noch einige tiefe, bewusste Atemzüge.

Wenn du bereit bist, öffne langsam deine Augen und bewege sanft deine Finger und Zehen.

Beende die Meditation mit einem letzten Schluck von deinem Tee, fühle dich erfrischt und geerdet.

Diese Meditation hilft dir, den Tag hinter dir zu lassen und dich auf eine ruhige Nacht vorzubereiten. Die Zitronenmelisse wirkt dabei unterstützend, um deinen Geist zu beruhigen und einen tiefen, erholsamen Schlaf zu fördern. Die beruhigenden Eigenschaften der Zitronenmelisse unterstützen eine tiefe Entspannung, die essentiell für luzides Träumen ist.

Traumkräuter

Im Sommer 2021, zeitgleich zur ersten Auflage des Traumkräuterbuches, begann ich zusammen mit meinem Partner, eigene Räuchermischungen zu kreieren, die uns nicht nur durch ihre Namen –

justLOVE, justDREAM, justFEEL, justBREATH – sondern auch durch ihre spezifischen Wirkungen überzeugen und am Herzen liegen.

Jede dieser Mischungen wurde sorgfältig zusammengestellt, um die Meditation zu vertiefen oder die Vorbereitung auf luzide Traumreisen zu unterstützen.

Die Entwicklung dieser Mischungen war ein kreativer Prozess, bei dem wir die harmonische Balance zwischen verschiedenen Kräutern fanden, die alleine schon überzeugen, in Kombination aber hervorragend wirken.

Unsere bevorzugte Konsumart ist der Vaporizer, da er die Aromen und Wirkstoffe der Kräuter besonders gut freisetzt.

Doch die Flexibilität der Anwendungsmöglichkeiten steht im Vordergrund: Die Mischungen können ebenso effektiv durch Verdampfen in der Raumluft genutzt werden, wo sie ihre wohltuenden Effekte entfalten.

Für diejenigen, die eine intensivere Erfahrung suchen, haben wir festgestellt, dass die Kombination dieser Mischungen mit Cannabis, insbesondere mit Sorten, die eine Sativa-Wirkung haben (persönliche Vorliebe), die Eigenschaften der Kräuter verstärken kann.

Diese Art des Konsums kann ein tiefes Eintauchen in meditative Zustände und verstärkte Traumerfahrung bieten.

Wir empfehlen Neulingen, sich langsam an die Potenz und Wirkungen der Mischungen heranzutasten. Wie bei allen intensiven Substanzen gilt auch hier: Die Dosis macht das Gift.

Es ist wichtig, sich Zeit zu nehmen, um zu verstehen, wie die einzelnen Kräuter und Kombinationen individuell wirken und wie sie das persönliche Wohlbefinden beeinflussen können.

Damit auch ihr diese wundervollen Mischungen genießen könnt, habe ich folgend für euch die Rezepte unserer Lieblingsmischungen-zusammengestellt:

justLOVE

Eine belebende Mischung aus Guarana, Ginseng, Mate und Maca umfasst. Diese Mischung ist ideal für diejenigen, die ihre Liebe und Leidenschaft auf natürliche Weise anregen, die Sinne schärfen, sowie die Empfindungen sensibilisieren möchten.

Zutaten für "justLove"Traumkräutermischung:

2,5 g Guarana

2 g Ginseng

3 g Mate

1 g Maca

Zubereitung:

Bereite alle Kräuter vor und wiege sie genau ab.

Gib Guarana, Ginseng, Mate und Maca in eine elektrische Kaffeemühle.

Mixe die Zutaten kurz durch, bis sie grob gemahlen sind, ähnlich der Konsistenz von grob gemahlenem Kaffee. Achte darauf, dass das Pulver nicht zu fein wird, um die Textur und die Freisetzung der Aromen zu optimieren.

Lagerung:

Überführe die Mischung in ein luftdichtes Gefäß. Dies schützt die Aromen und aktiven Inhaltsstoffe vor dem Verlust durch Oxidation und Licht.

Anwendung:

Mischungsverhältnis: Idealerweise wird die fertiggestellte

"just LOVE" Kräutermischung im Verhältnis eins zu eins mit Cannabis gemischt. Diese Kombination kann die Wirkung beider Komponenten synergistisch verstärken.

Konsum über Vaporizer:

Nutze einen Vaporizer für den Konsum der Mischung.

Empfohlene Temperatur für die Verdampfung liegt zwischen 170-200°C. Diese Temperatureinstellung hilft, die optimalen Aromen und Wirkstoffe freizusetzen, ohne die Kräuter zu verbrennen.

Hinweise:

Die oben angegebene Mischung reicht für etwa 6-10 Portionen, je nach gewünschter Stärke und individuellem Verbrauch.

Sicherheitshinweise:

Personen, die neu bei der Anwendung von Kräutermischungen sind, sollten mit einer niedrigeren Dosis beginnen und ihre Reaktion darauf achten. Wie bei allen kräftigen Substanzen gilt: Die Dosis macht das Gift.

Diese Kräutermischung ist eine hervorragende Möglichkeit, den Tag mit einem natürlichen Boost ausklingen zu lassen, je nachdem, wie sie verwendet wird. Die Kombination dieser spezifischen Kräuter bietet eine einzigartige Mischung, die sowohl energetisierend als auch entspannend wirken kann.

justDREAM

Die Traumkräutermischung, die speziell darauf ausgelegt ist, das luzide Traumerlebnis zu unterstützen. Diese Mischung kombiniert Traumkraut, Lavendel, Baldrian, Melisse und Salbei, um eine tief entspannende und traumfördernde Wirkung zu erzielen.

Zutaten für "justDREAM" Traumkräutermischung:

1,7 g Traumkraut

1 g Lavendel

0,5 g Baldrian

0,5 g Melisse

1,7 g Salbei

Zubereitung:

Wiege die Kräuter genau ab und stelle sicher, dass alle Zutaten trocken und frei von Verunreinigungen sind.

Gib alle Zutaten in eine elektrische Kaffeemühle.

Mixe die Zutaten kurz durch, bis sie grob gemahlen sind. Die Konsistenz sollte grob, ähnlich grob gemahlenem Kaffee, sein, um eine optimale Freisetzung der Aromen und Wirkstoffe zu gewährleisten.

Lagerung:

Bewahre die Mischung in einem luftdichten Gefäß auf, um die Frische und Potenz der Kräuter zu erhalten.

Anwendung:

Für eine intensivere Erfahrung kann die Mischung im Verhältnis

eins zu eins mit Cannabis gemischt werden. Dies verstärkt die traumfördernden Eigenschaften.

Konsum über Vaporizer:

Die Mischung kann in einem Vaporizer bei einer empfohlenen Temperatur von 170-200°C verdampft werden. Diese Methode hilft, die Wirkstoffe effektiv freizusetzen und erleichtert das Eintauchen in tiefere Traumzustände.

Hinweise:

Die Mischung reicht für etwa 6-10 Portionen, je nachdem, wie intensiv die Wirkung gewünscht ist.

Sicherheitshinweise: Anfänger sollten mit einer kleineren Dosis beginnen, um die Wirkung zunächst zu testen. Jeder reagiert unterschiedlich auf Kräuter, und es ist wichtig, die persönliche Verträglichkeit zu ermitteln.

Diese Mischung ist ideal für alle, die ihre Traumerfahrung vertiefen und das Potenzial für luzide Träume erhöhen möchten. Die sorgfältig ausgewählten Kräuter in "justDREAM" bieten eine natürliche und sanfte Unterstützung, um geistige Klarheit zu fördern und den Zugang zu bewussteren Traumzuständen zu erleichtern.

justFEEL

Die Traumkräutermischung "justFEEL", die darauf ausgelegt ist, die Empfindungen zu sensibilisieren und das Erlebnis zu intensivieren. Diese Mischung vereint Salbei, Guarana, sibirischen Ginseng, Mate und Minze, um eine stimulierende und wahrnehmungsverstärkende Wirkung zu erzielen.

Zutaten für "justFEEL" Kräutermischung:

2 g Salbei

1,5 g Guarana

1 g sibirischer Ginseng

2,5 g Mate

2 g Minze

Zubereitung:

Stelle sicher, dass alle Kräuter trocken und frei von Verunreinigungen sind. Wiege die Kräuter genau ab.

Gib Salbei, Guarana, sibirischen Ginseng, Mate und Minze in eine elektrische Kaffeemühle.

Mixe die Zutaten kurz durch, bis sie eine grobe Konsistenz erreichen, ähnlich grob gemahlenem Kaffee.

Lagerung:

Bewahre die fertige Mischung in einem luftdichten Behälter auf, um die Frische und Wirksamkeit der Kräuter zu erhalten.

Anwendung:

Mischungsverhältnis: Die "Just Feel" Mischung kann für eine intensivere Wirkung im Verhältnis eins zu eins mit Cannabis gemischt werden. Die Wahl zwischen Sativa und Indica hängt von den persönlichen Vorlieben ab; wir empfehlen Sativa für eine erhebendere und stimulierendere Wirkung.

Konsum über Vaporizer:

Verwende einen Vaporizer für den Konsum der Mischung. Die empfohlene Temperatur für eine optimale Verdampfung liegt zwischen 170-200°C.

Hinweise:

Diese Mischung reicht für etwa 9-12 Portionen. Die genaue Anzahl der Portionen hängt von der individuellen Dosierung und der gewünschten Intensität ab.

Sicherheitshinweise: Besonders für Anfänger ist es ratsam, mit einer kleineren Menge zu beginnen und die Reaktion des Körpers darauf zu beobachten.

"justFEEL" ist ideal für diejenigen, die ihre sensorische Wahrnehmung verstärken und ein tiefgreifendes Erlebnis suchen, sei es in der

Meditation, beim kreativen Arbeiten oder bei sozialen Aktivitäten. Die Mischung der Kräuter zielt darauf ab, sowohl die geistige als auch die körperliche Wahrnehmung zu schärfen und zu intensivieren.

justBREATHE

Die Traumkräutermischung "justBREATHE", die speziell darauf ausgelegt ist, die Atmung zu verbessern. Diese Mischung aus Minze, Salbei und Lavendel bietet eine erfrischende und beruhigende Wirkung.

Zutaten für "justBREATHE" Kräutermischung:

3 g Minze

2 g Salbei

1 g Lavendel

Zubereitung:

Stelle sicher, dass alle Kräuter trocken und frei von Verunreinigungen sind. Wiege die Kräuter genau ab.

Gib Minze, Salbei und Lavendel in eine elektrische Kaffeemühle.

Mixe die Zutaten kurz durch, bis sie eine grobe Konsistenz erreichen. Die Konsistenz sollte nicht zu fein sein, um eine optimale Freisetzung der ätherischen Öle zu gewährleisten.

Lagerung:

Bewahre die fertige Mischung in einem luftdichten Behälter auf, um die Frische und Wirksamkeit der Kräuter zu erhalten.

Anwendung:

Konsum über Vaporizer: Die "Just Breathe" Mischung kann in einem Vaporizer verwendet werden, idealerweise bei einer Temperatur von 170-200°C. Diese Methode hilft, die ätherischen Öle effektiv freizusetzen, die zur Linderung der Atmungswege beitragen können.

Mischung mit Cannabis: Obwohl es möglich ist, diese Mischung eins zu eins mit Cannabis zu kombinieren, ist dies weniger ratsam als bei anderen Mischungen, da der Fokus hier auf der Verbesserung der Atmung liegt.

Hinweise:

Diese Mischung reicht für etwa 5-7 Portionen, abhängig von der individuellen Nutzung und den gewünschten Effekten.

Sicherheitshinweise: Es ist immer ratsam, mit einer kleineren Menge zu beginnen und die Wirkung zu beobachten, insbesondere wenn Kräuter zur Linderung gesundheitlicher Beschwerden verwendet werden.

"justBREATHE" ist eine ideale Mischung für alle, die natürliche Wege zur Unterstützung der Atemwege suchen. Die Kombination aus Minze, Salbei und Lavendel bietet eine natürliche Linderung und kann dazu beitragen, ein Gefühl der Erleichterung und Frische zu fördern.

Zu guter Letzt

Du hast nun das Ende dieses Buches erreicht, und ich hoffe, es war eine Reise, die nicht nur Dein Wissen bereichert, sondern auch Dein Herz berührt hat. Du hast die Kunst des luziden Träumens erforscht, eine Praxis, die das Potenzial hat, Dein Bewusstsein zu erweitern und Dir neue Wege der Selbsterkenntnis zu eröffnen.

Die vorgestellten Kräutermischungen und Kräuter wurden sorgfältig ausgewählt, um Deine nächtlichen Abenteuer zu unterstützen und zu intensivieren. Jede dieser Mischungen ist einzigartig und bietet Dir verschiedene Wege, tiefer in die Welt Deiner Träume einzutauchen und sie bewusster zu erleben.

Nimm Dir die Zeit, die Wirkungen der verschiedenen Kräuter auf Deinen Körper und Geist zu erkunden. Jedes Kraut und jede Mischung hat ihre eigenen Charakteristika und kann, richtig angewendet, Deine Erfahrungen im Reich der Träume bereichern. Doch während Du diese Pfade erkundest, erinnere Dich bitte daran, achtsam zu sein. Wie bei allen mächtigen Werkzeugen ist es wichtig, mit Sorgfalt und Respekt zu agieren.

Dieses Buch soll nicht nur ein Leitfaden, sondern auch eine Inspiration für Dich sein, die Tiefen Deines eigenen Bewusstseins zu erforschen.

Luzides Träumen ist eine Fähigkeit, die, wie alle wertvollen Fähigkeiten, Übung und Hingabe erfordert. Jeder Schritt, den Du auf diesem Weg machst, jede Erkenntnis, die Du gewinnst, ist ein Schritt hin zu tieferem Verständnis und persönlichem Wachstum.

Ich hoffe, dass die hier geteilten Einsichten und Methoden Dir helfen werden, Deine Träume zu meistern und Dein Leben mit mehr Bewusstheit und Freude zu bereichern.

Möge jede Nacht, die Du auf dieser Reise verbringst, Dein Herz erfüllen und Deine Seele bereichern.

Ich wünsche Dir viele erkenntnisreiche Träume und unvergessliche nächtliche Reisen. Mögest Du die Wege, die vor Dir liegen, mit Mut und Offenheit erkunden und in jedem Traum ein Stück Deiner wahren Essenz entdecken.

Danke

Wenn ich auf die letzten Jahre zurückblicke, auf eine Zeit tiefgreifenden persönlichen und spirituellen Wachstums, finde ich mich umgeben von Menschen und Erfahrungen, denen ich zutiefst dankbar bin. Diese Dankbarkeit fließt durch jede Seite dieses Buches, ein Werk, das nicht nur ein Leitfaden, sondern auch ein Zeugnis meiner Reise ist.

Besonderer Dank gilt Christoph, meinem Herzmenschen, der nicht nur mein Herz für die Welt der Kräuter geöffnet hat, sondern auch seine Weisheit und Liebe mit mir teilt. Ohne seine Wissen und sein Vertrauen wäre dieses Buch nicht das, was es ist.

Christoph, du hast meine Augen geöffnet und mein Bewusstsein erweitert, und dafür bin ich unendlich dankbar.

Ich danke auch dem Leben selbst, das mich in den letzten vier Jahren geformt und mir ermöglicht hat, ein Bewusstsein zu entwickeln, das ich früher nicht für möglich gehalten hätte. Mein „Hallo Wach"-Erlebnis, ein Autounfall im Jahre 2019, war ein Wendepunkt, der mich auf den Pfad des Bewusstseins und der Träume führte. Diese erschütternde Erfahrung war der Anstoß für eine tiefe und transformative Reise.

Ich danke Stephan, der mir immer mit Rat und vor allem Tat zur Seite steht. Ohne dich hätte ich viele Projekte gar nicht erst begonnen, doch dein Zuspruch und die Unterstützung gaben oft den entscheidenden letzten Impuls.

Ein besonderer Dank geht an meinen Sohn Mads, dessen kindliche Empathie und reine Liebe mich immer wieder darauf hinweisen, was im Leben wirklich zählt. Mads, du lehrst mich täglich, die Welt mit offenen Augen und einem offenen Herzen zu sehen.

Ich danke für alle Erfahrungen, die ich sammeln durfte – für jede Herausforderung und jede Lektion. Sie haben mich zu der Person gemacht, die ich heute bin, und mich an den Ort geführt, an dem ich jetzt stehe.

Zuletzt danke ich Euch, meinen Leserinnen und Lesern. Eure Aufmerksamkeit und Euer Interesse an diesem Buch ehren mich zutiefst. Ich wünsche Euch von Herzen viel Freude beim Lesen und hoffe, dass es inspiriert, Eure eigenen Pfade des Bewusstseins und der Träume zu erkunden.

In tiefem Dank und mit liebevollen Wünschen,

Lila

ENDE

Lila Mint

Lila Mint wurde 1981 in Lüneburg geboren und ist eine vielseitige Persönlichkeit, deren Leidenschaft es ist, die Harmonie von Körper, Geist und Seele zu fördern. Ihr erstes Buch, **„Hallo Wach?!“**, wurde 2021 durch den Selfpublishing-Verlag Twenty Six veröffentlicht und markierte den Beginn ihrer schriftstellerischen Laufbahn. Darüber hinaus teilt Lila ihre spirituellen Erkenntnisse und praktischen Ratschläge über ihren **YouTube**-Kanal, ihren Instagram Kanal **„Traumkräuter“,** auf dem sie täglich das **Tarot** legt und ihren **Podcast,** wo sie eine Gemeinschaft von Gleichgesinnten anzieht, die an persönlichem Wachstum und den Mysterien des Lebens interessiert sind. Ihre Leidenschaft für die Welt der Träume und deren tiefere Bedeutung möchte sie mit anderen teilen, um ihnen zu helfen, die verborgenen Botschaften ihrer eigenen Träume zu entschlüsseln. Ihr Ziel ist es, nicht nur die Schönheit, die jeder Mensch in sich trägt, sichtbar zu machen, sondern auch ein tieferes, intuitives Verständnis für das Leben und seine verborgenen Botschaften zu fördern.

Spotify

Instagram

YouTube

hallo WACH?!
Buch